Nur wo Leben ist, da ist auch Wille:
aber nicht Wille zum Leben,
sondern – so lehr ich's dich –
Wille zur Macht!

Friedrich Nietzsche

inhalt

Das Veilchen, das im Verborgenen blüht:
Bescheiden, sittsam und rein
oder doch auch mit Willen zur Macht?

inhalt

Liebe Leserinnen und Leser,

Suchst du das Höchste, das Größte?
Die Pflanze kann es dich lehren.
Was sie willenlos ist,
sei du es wollend – das ist's!

Friedrich Schiller

als wir uns mit dem Thema der Macht für dieses Heft intensiver zu beschäftigen begannen, stießen wir auf ein Phänomen, das uns bei uns selber überraschte: das *Tabu* der Macht. Obwohl uns die gegenwärtige und die vergangene große Weltgeschichte in eindrücklicher Weise die Faszination der Macht vor Augen führt, sich fast alles um die Macht der Götter, Könige, Herrscher und Helden dreht, scheint es im Kleinen unseres persönlichen alltäglichen Lebens fast gar nicht darum zu gehen.

Es scheint uns inzwischen leichter zuzugestehen, dass uns Sex und Geld interessieren, als dass wir zugeben könnten, an Macht interessiert zu sein. Macht verbinden wir mit Egoismus, Gier, Narzissmus, Rücksichtslosigkeit, Herrschsucht und Gewalttätigkeit. Machtstreben, das wissen wir spätestens seit dem Christentum, ist des Teufels, ein Schattenbereich, den fast alle Religionen anprangern – allerdings, wie wir bis heute sehen, ohne großen Erfolg. Im Gegenteil: Durch die Schaffung unserer Götter, vor allem auch der monotheistischen patriarchalen Gottesbilder, haben wir – aus einem Ohnmachtsgefühl heraus? – die All-Macht der Eltern bzw. des Ur-Vaters oder Großen Vaters verewigt. Bis heute streben Religionen nach Macht und weltumspannender Geltung.

Was ist Macht? Macht (idg. magh: können, vermögen; Fähigkeit und Kraft, auch Zeugungskraft haben; über Mittel, Geld und Gut verfügen) bedeutet, dass wir versuchen, unser Wollen gegen innere und äußere Widerstände durchzusetzen. Sobald wir ein Ziel erreichen möchten, üben wir psychische und soziale Macht aus, müssen wir inneren und außerhalb von uns liegenden Hemmungen, Hindernissen, Widerständen entgegentreten und sie zu überwinden suchen.

Wenn wir uns im Kleinen unseres alltäglichen Lebens bewusst nach Machttendenzen umschauen, stoßen wir bald überall auf sie, als erstes natürlich in unserer eigenen Psyche. Wir möchten schließlich unser „eigener Herr (Frau)", „Frau (Herr) im eigenen Hause" und „Herr/Frau der Lage" sein. Unsere Gedanken, Emotionen, Affekte und Komplexe möchten wir gerne bewusst machen, beherrschen bzw. so lenken und modulieren, dass sie so sind, wie wir sie gerne hätten (auch wenn wir immer spüren, dass uns das nicht gelingt). Und in Beziehung zu anderen Menschen findet unentwegt ein meist recht subtil geführter Machtkampf statt, der die anderen dazu bringen soll, das zu denken, zu fühlen oder zu tun, was wir wollen.

Wenn die üblichen Machtmittel nicht genügen, wenn wir mit unserem Wissen, unserer Kontrolle und unserem Handeln an Grenzen stoßen, greifen wir auch heute noch auf die Methoden der „Magie" zurück. Magie (lat. magia: Lehre der Zauberer, Zauberei) bezeichnet Praktiken, durch die der Mensch mit Hilfe besonderer psychischer Kräfte, mit Hilfe von Formeln, Imaginationen, Gebeten usw. seine eigenen Wünsche und Vorstellungen auf die Umwelt und die Mitmenschen übertragen will. Auch wenn diese Methoden nicht wissenschaftlich belegbar sind, so können sie psychologisch gesehen wirksam sein. „Der böse Blick", magische Rituale, ein Talisman oder ein Statussymbol beeindrucken uns unterschwellig oft sehr stark, z. B. indem wir durch sie eine Schwächung oder Besserung unseres Selbstvertrauens erfahren.

Im mitmenschlichen Zusammenleben ist Macht also dauernd präsent, auch wenn wir es nicht gerne wahrhaben wollen. Jede Form von privater und sozialer Beziehung ist mit Konkurrenz, Rivalität und Machtausübung verbunden, denken wir an die Macht von Familiensystemen, die Macht der Mütter und Väter, die Macht der Kinder, die Macht von Männern und Frauen, von Freunden, Nachbarn und Kollegen, die Macht von Autoritätspersonen wie Erziehern, Lehrern, Vorgesetzten, Managern,

Ärzten, Therapeuten, Pfarrern, Polizisten, Beamten, Politikern. Im öffentlichen Leben begegnet uns die Macht der Medien und der Werbung, die Macht des Staates, der Institutionen und Organisationen, die Macht des Geldes, der Statussymbole, der charismatischen Persönlichkeit etc.

Obwohl Machttendenzen allgegenwärtig sind, haben wir oft den Eindruck, es seien vor allem die Anderen, die Macht auf uns ausüben wollen. Wir selbst – und ganz besonders Menschen aus sozialen Berufen – erleben uns eher als kooperative, anpassungsfähige, freundliche, wohlwollende Menschen und sogar als hilflose und ohnmächtige „Opfer" machtvoller Fremd-Einflüsse.

Aber das ist eine Fehlwahrnehmung: Natürlich versuchen auch wir unentwegt, unseren Machtbereich auszudehnen. Fast jede Handlung, jedes Wort, jede Mimik, Gestik, jede Kommunikation mit anderen Menschen hat immer auch einen appellativen und manipulativen Anteil, mit dem wir den Anderen von unserem Standpunkt, unserer Ansicht überzeugen wollen.

Der offenen und direkten Beeinflussung der „Machtmenschen" durch Befehlen, Anordnen, Kontrollieren, Konfrontieren, Überreden, Überzeugen, Belohnen, Bestrafen usw. entgegengesetzt, nutzen „wir Gutmenschen" allerdings eher passive „Waffen", wie Schweigen, Rückzug, Vergessen, Übersehen, Flucht in die Krankheit, Leiden, Sich-Opfern, aber auch eher verdeckte Manöver wie Tarnung, Täuschung, Intrigen, Verleumdung usw.

Um zum Eingangszitat von Friedrich Schiller zu kommen: Was jede Pflanze, jeder kleinste Grashalm tun, wenn sie mit großer Geduld und Hartnäckigkeit durch die Erde ans Licht brechen, wenn sie mit allen zur Verfügung stehenden Mitteln ihre individuelle Eigen- und Einzigartigkeit zum Ausdruck und zur Verwirklichung bringen, genau das tun wir auch und damit folgen wir dem „principium individuationis".

Evolutionsbiologen sehen dies ganz einfach und natürlich: Neben der Arterhaltung und Fortpflanzung geht es uns allen notwendigerweise an erster Stelle um unsere Selbsterhaltung. Das Individuum ist der einzige Lebensträger, wie Jung hervorhob, auf den es zuletzt ankommt. Ohne individuelle Lebewesen gibt es keine Gemeinschaft. Je mehr Macht und Einfluss wir als Einzelwesen haben, desto mehr können wir unser individuelles Leben durchbringen und unsere Gene verbreiten. Je machtvoller wir sind, desto mehr Sexualpartner und Kinder können wir haben und desto mehr können wir für diese sorgen.

Das schließt Kooperation und Solidariät mit anderen Menschen keineswegs aus, denn die Gemeinschaft ist ja gleichzeitig auch unsere Lebensbasis. Oft aber ist es schwer, beiden Seiten in guter Weise gerecht zu werden. Deshalb gehört der Konflikt zwischen dem Individuellen und der Gemeinschaft zu den zentralen Themen der Individuation.

Während sich große Religionen und Philosophen seit Thukydides, Platon, Aristoteles und Augustinus, die des Mittelalters und der Scholastik, der Aufklärung und des 19. Jahrhunderts mit den Beziehungen zwischen Herrschenden und Beherrschten, der Macht der Besitzenden und des Kapitals, der Macht des Staates gegenüber dem Individuum, der Ausübung von Macht und Recht beschäftigten, fanden Schopenhauer und vor allem Nietzsche einen anderen Ausgangspunkt: den Willen oder auch den Trieb zur Macht als Ausdruck des Lebens und des Menschen.

Freud stand offenbar so unter der Macht seiner Sexualdoktrin, dass es ihm nicht möglich war, die Thesen von Nietzsche oder Adler in sein Denksystem zu integrieren. Aber selbst für Alfred Adler, der das Machtstreben in den Mittelpunkt seiner Psychologie stellte, war dieses am Anfang vor allem ein Ausdruck einer Kompensation und Überkompensation von erlebter Minderwertigkeit. Das Machtstreben hat er wohl erst später als genuines Bedürfnis angesehen.

Jung sah den Eros und das Machtstreben als gleichwertige Kräfte an und sah darüber hinaus noch weitere zentrale Wirkfaktoren der Psyche. Aber auch bei Jung ist recht auffällig,

macht

dass das Phänomen der Macht direkt wenig behandelt wird; es erscheint meist indirekt verbunden mit anderen Themen, z. B. dem Unbewussten, den Komplexen, der Mana-Persönlichkeit, dem Heldenweg, dem Selbst, also in Verbindung mit innerpsychischen Kräften.

Erstaunlich also: Auch unter Tiefenpsychologen, die doch die hell-dunkle Ganzheit des Menschen berücksichtigen wollen, wird das Motiv der Macht kaum ausreichend differenziert diskutiert. Ein Grund könnte in der Ethik des „guten Menschen" liegen. Psychologen, Ärzte, Theologen und andere sozial Tätige haben meist eine sehr hohe Berufsethik. Obzwar sie in vieler Hinsicht sehr mächtig sind, dürfen sie in ihrem Handeln und Selbstbild nicht selbstsüchtig und mächtig sein: Sie müssen bewusst, abstinent, neutral, stillschweigend, reif, einfühlsam, geduldig, „containend", aushaltend, aufopfernd, verantwortungsvoll, immer wohlwollend und hilfsbereit sein. Zuzugeben, dass auch sie triebgesteuert, geldgierig, machthungrig und klatschsüchtig sind, ist mit einer solchen idealen Persona schwer zu vereinbaren.

Ein weiterer Grund für die Tabuisierung der Macht in diesen Berufen könnte der sein: Erfolgreiche Machtausübung hängt oft auch damit zusammen, dass sie als solche nicht recht bemerkt wird. Wenn sie von Anderen deutlich erkannt würde, könnten diese sich besser und berechtigter gegen sie wehren. Also wird Machtausübung oft mit „guten" Gründen und „edlen" Motiven bemäntelt: „Ich meine es doch nur gut mit Dir", „Ich will doch nur dein Bestes!" ... So müssen gerade auch „gute, liebevolle Menschen" sich mit ihrem meist verleugneten Macht-Schatten konfrontieren.

Es sind besonders altruistische Persönlichkeiten, vor denen man sich in acht zu nehmen hat! Wir sind eben keine Götter, wir haben einen Schatten, und wir haben eine düstere Ahnung davon, dass es hinten irgendwo nicht stimmt. Manchmal braucht man fünfzig Jahre, bis man das merkt.

(C. G. Jung, Kinderträume, S. 199)

Das Prinzip der Polarität und der Selbstregulation macht uns verständlich, dass Leiden, Stress und psychische Störungen vor allem dann entstehen, wenn wir einen Teil der gegebenen psychischen Polaritäten verdrängen. Die eigenen Machttendenzen zu erkennen, zu akzeptieren und auch bewusst zu nutzen, lässt uns die in der Abwehr gebundene Energie zurück gewinnen.

Vom einseitigen Standpunkt der Bewusstseinseinstellung aus gesehen, ist der Schatten ein minderwertiger Persönlichkeitsanteil und wird daher verdrängt durch intensiven Widerstand. Das Verdrängte muss aber bewusst werden, damit eine Gegensatzspannung entstehe, ohne welche keine Weiterbewegung möglich ist. Das Bewusstsein ist gewissermaßen oben, der Schatten unten, und da Hoch immer nach Tief strebt und Heiß nach Kalt, so sucht jedes Bewusstsein, ohne es vielleicht zu ahnen, nach seinem unbewussten Gegensatz, ohne den es zu Stagnation, Versandung oder Verholzung verurteilt ist. Nur am Gegensatz entzündet sich das Leben.

(C. G. Jung, GW 7, § 78)

Wenn wir uns mutig mit unserem Macht-Schatten bis in seine dunkelsten Abgründe auseinandersetzen, haben wir uns nicht nur einer unangenehmen Selbsterkenntnis und höherer moralischer Verantwortungsbewusstheit zu stellen, sondern auch einen kaum erwarteten Gewinn. Wir können dann auch die Freude und Lust der Selbstwirksamkeit, der Effektivität, des Leistungsstolzes deutlicher erleben, uns ganzheitlicher und dynamischer fühlen und das Leben in seiner ganzen Mächtigkeit in uns pulsieren spüren. In diesem Sinne wünschen wir Ihnen: „Möge die Macht mit Dir sein!" *

Ihre Anette und Lutz Müller

*Das ist der Abschiedsgruß der „Jedi-Ritter" aus dem Film-Epos „Krieg der Sterne", wobei die Macht eine Art unpersönliche Lebens-Energie bezeichnet, die das Universum durchflutet.

Machterfahrungen

Die folgenden Fragen können Ihnen helfen, sich Ihrer eigenen Machterfahrungen und Ihres Machtpotenzials bewusster zu werden. Wenn Sie eigene traumatische Machterfahrungen als Opfer erlebt haben, sind diese Fragen möglicherweise nicht hilfreich für Sie. Wenn Sie nicht genau wissen, welche Methoden der Machtausübung es gibt, können Sie auf der folgenden Seite nachschauen. Ganz grob lassen sich aktive, passive und und verdeckte Methoden unterscheiden. Im Alltag verwenden wir viele Methoden miteinander vermischt, zudem sind sie uns oft gar nicht bewusst. Manche von Ihnen wenden wir möglichweise nicht konkret an, fantasieren Sie aber heimlich.

Wie waren die Vorbilder, von denen Sie gelernt haben, wie man mit Macht umgeht?

Wie hat es Ihre Mutter / Ihre weibliche Bezugsperson gemacht, wenn sie etwas erreichen wollte?

Wie hat es Ihr Vater / Ihre männliche Bezugsperson gemacht, wenn er etwas erreichen wollte?

Wie haben Sie es als Kind gemacht, Ihren Willen durchzusetzen?

Wie haben Ihre Geschwister es gemacht?

Wie haben es Kinder gemacht, die Sie nicht mochten?

Wie haben es Kinder gemacht, die Sie besonders mochten?

Wie haben Sie Lehrer und ihr Machtverhalten erlebt? Führen Sie sich die einzelnen Lehrer bewusst vor Augen. Wer von den Mitschüler/innen und wer von den Lehrer/innen war besonders angesehen, wer gefürchtet oder wer wenig respektiert und was hatten sie jeweils für Machtmethoden?

Was waren die Lieblingshelden und Idole Ihrer Kindheit und Jugend und wie haben sie Machtprobleme gelöst?

Was sagt Ihnen Ihr Lieblingsmärchen oder Angstmärchen über Ihre Machtstrategien?

Wie gehen Sie in Träumen mit Konflikten, Wünschen, Rivalität um?

Können Sie in Ihren Fantasien richtig aggressiv sein?

Hatten Sie schon einmal Todesfantasien bezüglich anderer Menschen?

Was sagen Ihnen Ihre Berufswahl und Ihre Berufserfahrung über Ihre Machtstrategien?

Können Sie üblicherweise deutlich spüren, was Sie wirklich wollen?

Wie wehren Sie sich gegen Forderungen und Ansprüche? Können Sie leicht „Nein!" sagen?

Wie setzen Sie Ihren Willen in Ihrer Partnerschaft und in Ihren Freundschaften durch?

Methoden der Macht

Direkte, aktive Methoden

… fragen, nachfragen, ausfragen, „nachbohren", infragestellen, analysieren, deuten, hinweisen, konfrontieren, Ratschlag geben, empfehlen, nahelegen, beschwören, bitten, verführen, verbünden, demonstrieren, vor vollendete Tatsachen stellen, die (vermeintliche) Wahrheit sagen wollen, korrigieren, recht-haben-wollen, besserwissen, suggerieren, auflauern, überraschen, erschrecken, überrollen, provozieren, aus der Reserve locken, kritisieren, insistieren, belagern, sich verbeißen, sich anklammern, festnageln, laut werden, nörgeln, schreien, zwingen, angreifen, ärgern, abwerten, auslachen, anklagen, beschuldigen, beschimpfen, kränken, demütigen, drohen, einschüchtern, Angst machen, ausstoßen, erpressen, unter Druck setzen, bedrohen, zermürben, aushungern, trennen, isolieren, Schmerz zufügen, schlagen, verletzen, töten.

Indirekte, passive Methoden

… abschalten, schweigen, keine Miene verziehen, nicht mitdenken, nicht beteiligen, dumm stellen, verweigern, sich entziehen, blockieren, ignorieren, übersehen, vergessen, absichtlich Fehler machen, lustlos mitspielen, Laune verderben, ins Leere laufen lassen, beleidigt sein, mauern, sich tarnen, stumm leiden, auflaufen lassen, pessimistisch sein, Angst-, Schuldgefühle, Eifersucht und Mitleid erregen, sich verstecken, sich verschanzen, Kontakt, Beziehung, Zuneigung, Liebe entziehen, hilflos werden, regredieren, Opferrolle übernehmen, ohnmächtig werden, Anfälle bekommen, hungern, sich schädigen, krank werden, sich opfern, sich töten.

Verdeckte Methoden

… überwachen, kontrollieren, spionieren, ausfragen, heimliche Informationen sammeln, in Sicherheit wiegen, falsche Hoffnung machen, vertrösten, beschwichtigen, beschönigen, verharmlosen, lachen, ablenken, übertreiben, dramatisieren, emotionalisieren, moralisieren, vernebeln, verunsichern, jammern, negative Andeutungen machen, klatschen, belastende Informationen streuen, taktieren, unterwandern, intrigieren, tarnen, lügen, täuschen, betrügen, List anwenden, Freundlichkeit und Vertrauen vortäuschen, einen Hinterhalt legen, eine Falle aufstellen, bestechen, Atmosphäre vergiften, Angst machen, eine Nebenfront aufmachen, Gerüchte ausstreuen, Unbeteiligte hineinziehen, aufhetzen, anonyme Briefe schreiben, Verleumdung, Verrat.

Ich will doch nur dein Bestes!

Macht und Ohnmacht in Therapie und Gesellschaft

Roland Heinzel

Ich lehre euch den Übermenschen. [...]
Der Mensch ist etwas,
das überwunden werden soll.
Was habt ihr getan, ihn zu überwinden? [...]
Einst wart ihr Affen, und auch jetzt ist der
Mensch mehr Affe als irgendein Affe. [...]
Seht, ich lehre euch den Übermenschen! Der
Übermensch ist der Sinn der Erde. Einst war
der Frevel an Gott der größte Frevel, aber Gott
starb und jetzt ist er tot. An der Erde zu freveln
ist jetzt das Furchtbarste.

(Friedrich Nietzsche,
Also sprach Zarathustra)

Darth Vader, eine der beeindruckendsten, mächtigen dunklen Gestalten in der bisher sechsteiligen Filmmythologie „Krieg der Sterne", die unter Einbezug vieler archetypischer Motive konzipiert wurde. Darth Vader hat sich mit der dunklen Machtseite des Universum verbündet, verfügt über destruktive magische Kräfte, kann am Ende aber „erlöst" werden. Das Filmepos handelt vom ewigen Kampf zwischen dem Guten und dem Bösen, der Liebe und der Macht.

Vorbemerkungen

Warum ließ sich Anakin Skywalker von dem Sith-Lord Darth Sidious auf die „dunkle Seite der Macht" ziehen und wurde zu Darth Vader? Weil er als Kind auf dem Wüstenplaneten Tatooine ein Sklavenleben führen musste und wenig Anerkennung fand – und später durch seinen Narzissmus und die Macht verführt und korrumpiert wurde. Auch Freud hatte als Jude wegen des Antisemitismus in Wien Probleme mit der vollen akademischen Anerkennung seiner Wissenschaft. Wenn er sich allerdings in seiner psychoanalytischen Forschung selbst mehr mit dem Thema „Macht" und mit dem großen Philosophen der Macht, mit Nietzsche, beschäftigt hätte, wäre er vielleicht nicht selbst so seinem Macht-Schatten erlegen, wie es etliche Zeitzeugen berichten.

Andererseits: „It takes two to tango": Wenn ein Patriarch seine Herde mit strenger Hand führt und (wie mehrfach geschehen) Abweichler abstraft oder ausschließt, liegt das auch immer an den Schülern, Adepten, Bewunderern.

Die Bio-Ethikerin Christine von Weizsäcker berichtet hierzu von dem Versuch eines Neurophysiologen (zit. n. Singer 2003). Der nahm aus einem Fischschwarm einen Fisch und durchtrennte ihm die sensorischen Nerven zur Gehirnrinde, sodass er seine Umgebung nicht mehr wahrnehmen konnte. Als er ihn ins Wasser zurücksetzte, schwamm er wild drauflos. Und was geschah? Der gesamte Schwarm folgte ihm – vielleicht im Glauben, der Fisch wisse, wo's lang geht? Hatte dieser hirnamputierte Fisch nun „Macht"? Der Versuch macht nachdenklich. Beruht die Macht eines Führers, wie Freud (1974) mutmaßte, v. a. in der Sehnsucht seiner Anhänger nach Unterwerfung? Diese Frage wird uns noch beschäftigen.

Angefangen von der zum Teil gnadenlosen Machtausübung Freuds, v. a. gegenüber Adler und Jung, über die Kämpfe der „feindlichen Brüder" in der Wiener Psychoanalytischen Gesellschaft bis hin zu den „Epigonen" und Schulengründern in den USA, die großenteils die Psychoanalyse verleugneten, könnte uns die Geschichte der Psychoanalyse gleichsam wie eine Abfolge unaufgelöster Vater-Übertragungen erscheinen. Und ist es nicht auffällig, dass man in den Werken von Freud und Jung vergleichsweise wenig Dezidiertes über das Thema Macht findet? Alfred Adler, der sich ausführlich damit befasste, wurde (u. a. wohl deshalb?) von Freud noch vor Jung exkommuniziert – wie aus einer Kirche! Ethel Spector Person (1999) vermutet, dass die Wurzeln von Freuds Machtausübung und der Machtkämpfe seiner Schüler mit der Entwertung von Freuds Vater als Jude zu suchen sind, was ihn kränkte und zur Kompensation veranlasste. Eine Gemeinsamkeit von Freud und Jung: Beide hatten schwache, „ohnmächtige" Väter, die sie nicht bewundern und als Vorbilder erleben konnten.

1. Annäherung
1.1. Ein ausbalanciertes Ungleichgewicht – Opfer und Täter

Nach Max Webers (1922) klassischer Begriffsbestimmung bedeutet Macht „jede Chance, innerhalb einer sozialen Beziehung den eigenen Willen auch gegen Widerstreben durchzusetzen, gleichviel worauf diese Chance beruht". Auch wenn Macht also ein ungleichgewichtiges soziales Verhältnis zwischen Personen bezeichnet, erkennt man trotzdem eine gegenseitige („komplementäre") Abhängigkeit: Jede(r) Mächtige benötigt jemand oder etwas, über den oder das er/sie die Macht ausübt! Wir alle kennen in Partnerschaften „sadomasochistische Kollusionen" als Beziehungsmuster, und

trotzdem fallen wir (fast) alle wohl immer wieder darauf herein, wenn ein armes „Opfer" von Paarkonflikten sich bei uns über seinen bösen Partner beschwert. Ich bin immer froh, wenn erfahrene Mitglieder der Therapiegruppe mit der Zeit ein solches „Opfer" behutsam fragen, warum es „dem anderen soviel Macht über sich gebe" und was sein eigener Anteil sei. Besonders schwer fällt es Mobbing-Opfern, die ja oft selbst mehr zu ihrer Situation beitragen als ihnen bewusst ist, ihre hintergründige Machtausübung zu erkennen und „ihre Opferrolle zu opfern".

1.2. Der Säugling: Macht der Ohnmacht

Die Therapie-„Dyade" wird ja immer wieder mit der Mutter-Kind-Dyade verglichen: Und hier hat die moderne Säuglingsforschung gezeigt, dass sich schon sehr früh eine Resonanz zwischen dem Baby und der/den primären Bezugs-Person(en) entwickelt, das was Kohut den „Glanz im Auge der Mutter" nennt. Das noch nicht zur Adaptation fähige Auge des Babys ist auf ein Scharfsehen im Abstand von ca. 32 cm eingestellt – genau die durchschnittliche Distanz zwischen seinem Auge und dem der Mutter beim Stillen! Hinzu kommen Berührung, Bewegung, die kleinen gemeinsamen Spielchen, in denen im Rahmen eines sensomotorischen, ganzheitlichen Erlebens archetypisch vorbereitete Potenzialitäten im Gehirn aktiviert werden und das Kind seine ersten Erfahrungen mit Selbstwirksamkeit (vgl. Bandura 1977) macht. Dadurch erlebt sich der Mensch als Teil einer größeren Gesamtheit, von guten „Mächten" wunderbar geborgen, mit den Worten Bonhoeffers. Das Ich entsteht am Du (Buber). Die jungsche Analytikerin Jean Knox (2012) beschrieb diese kindliche Entwicklung so: „Selbstwirksamkeit beinhaltet die Erfahrung, dass wir unsere physische und relationale Umwelt beeinflussen können, dass unsere Handlungen und Absichten eine Wirkung auf die uns umgebenden Menschen haben und eine Reaktion bei ihnen hervorrufen; diese Erfahrung von Handlung und Folge macht in allen Disziplinen den Kern der Definitionen von Wirksamkeit aus und bildet die Grundlage für das Selbstempfinden."

Aber bei den Kindern müssen wir als Eltern manchmal auch einsehen, dass sie „stärker" sind als wir. Sie wollen ihren Kopf durchsetzen und sich holen, was sie kriegen können. Auch wer nur wenige Nächte mit einem schreienden Säugling durchlebt hat, kann ein Lied von der „Macht der Ohnmacht" des Babys singen! Die „Verschränkung" dieser beiden Prinzipien (s. u.) ist wohl nirgends sonst so eng. Vielleicht ist auch bei unserem Patienten seine Selbstwirksamkeit der wichtigste Maßstab? Wenn er in diesem Erleben gefördert wird, ist er auf dem Weg der Heilung. Mir sagte einmal eine Patientin, die traumatisiert und depressiv in die Gruppe gekommen war, am Ende der 3-jährigen Therapie, für sie sei das Wichtigste die „gleiche Augenhöhe" gewesen.

Um aber die weitere Entwicklung des Erlebens von Selbstwirksamkeit besser zu verstehen, müssen wir kurz die Unterschiede der Geschlechter betrachten.

1.3. Männliche und weibliche Macht

Helmut Barz (1984) schildert anschaulich den prinzipiellen Unterschied zwischen der Entwicklung eines männlichen und eines weiblichen Kindes: Das weibliche wächst in einem Wesen heran, das „seinesgleichen" ist, während der kleine Junge eigentlich von der Zeugung an „der Fremde" ist. Natürlich ist die Mutter oft stolz auf ihn, er hat etwas, was sie nicht hat – aber gleichzeitig braucht sie ihn. Er spürt – erst unbewusst, dann immer bewusster – die Macht, die sie über ihn hat, vielleicht durch Gängelung oder durch Schuldgefühle, die sie ihm macht. Und will er fortgehen, heißt es „Aber Mutter weinet sehr, hat ja nun kein Hänschen mehr" – dieser indirekten mütterlichen Macht erliegt wohl so manches Hänschen: Damit Mami nicht weinen muss, bleibt der Junge daheim bzw. wird – auch in der Fremde – nicht erwachsen! Und hat er dann irgendwann doch den Absprung geschafft (im Sinne von Adlers „männlichem Protest"), hat er eventuell lange Zeit Angst vor der Macht der

Frau und wird sie entweder auf Abstand halten oder unterwerfen. Aber in ihrem Lied über Skinheads sang die Rockgruppe „Die Ärzte": „… deine Springerstiefel sehnen sich nach Zärtlichkeit!"

Als Assistenzarzt habe ich mit einer Kontaktschwester zusammengearbeitet, die lange mit einem Libanesen verheiratet war. Sie erklärte mir, dass in vielen Ländern des Nahen Ostens die Jungen bis zum 6. Geburtstag bei den Müttern leben. Dann kommen sie ziemlich abrupt in die „Welt der Männer". Wir kamen damals zu der Vermutung, dass viele sich dadurch – analog zur „Vertreibung aus dem Paradies" – von der Mutter verstoßen fühlen und später unbewusst ihre damalige Enttäuschung und Ohnmacht mit sich tragen, vielleicht sogar Rachegefühle. Zumindest wollen viele dieser Männer auch bei uns Frauen nie mehr Macht

Foto: Knut Wiarda (www.fotolia.de)

Jean Auguste Dominique Ingres (1780-1867), Jupiter und Thetis, 1811,
Musée Granet, Aix-en-Provence

darum, dass der Mann Einfühlung lerne und der „Macht" der Mutter und Frau etwas gegenüberstellen könne, um nicht unbewusst ihrer „Macht" zu erliegen oder sich dauernd gegen sie schützen zu müssen – das Ziel des „Heldenkampfes". Aber bis heute überwiegen trotzdem wohl immer noch – siehe Pornografie – die Fantasien der Männer (und auch vieler Frauen!) von Dominanz und Unterwerfung (vgl. Theweleit 1980). Das Spiel kann auch mit umgekehrten Rollen gespielt werden, mit einer Domina.

Wenn allerdings der Mann kaum Aussichten hat, in einer Beziehung mehr vom emotionalen Territorium zu erobern, so erobert er eben fremde Länder, das gegnerische Tor – oder lernt, eine Maschine zu „beherrschen", ob Motorrad oder PC. Damit tragen die Männer auch einen guten Teil zum Florieren unserer Wirtschaft bei. Und in dieser Wirtschaft, vor allem in den multinationalen Konzernen und Finanzmärkten, sitzen auch wieder Männer, die z. B. die Börse als einen Schauplatz für Kriegsspiele betrachten. Börse und Böse? Seit der (immer noch andauernden) Finanzkrise erscheint mir diese sprachliche Nähe nicht nur als Plattitüde. So kommen wir zum nächsten Punkt:

geben, sie zu vereinnahmen oder/und wieder zu verstoßen – also unterdrücken sie sie samt ihrer Geborgenheitssehnsucht.

Wir kennen aus Therapien alle solche Ängste von sogenannten „bindungs-unfähigen" Männern. Als ich im Gymnasium bei der Besprechung von Faust II erstmals den Satz „Das Ewig-Weibliche zieht uns hinan" hörte, dachte ich sofort: „… oder hinab!". Und als ich später bei Michael Mary (1991) las, dass nach seiner Erfahrung die meisten Frauen in Partnerschaften „90 % des emotionalen Territoriums besetzt halten", fühlte ich mich in dieser Einschätzung bestätigt.

Warum wohl hat Jung dem Manne empfohlen, zur Reifung seiner Männlichkeit auch seine Anima zu entwickeln? Es ging ihm

2. Gute und böse Mächte
2.1. Gibt es das „absolut Böse"?

Am Rande einer Jung-Tagung in Esslingen in den 80-er Jahren hatte ich einmal ein längeres Gespräch mit Franz Alt. Wir überlegten, wie weit die Polarität von Gut und Böse etwas „Naturgegebenes" sei, zwischen dem wir Menschen immer ausgespannt sind, oder ob es gar das „absolute Böse" gebe. Kurz gesagt, einigten wir uns schließlich darauf, dass es zwei Arten von „Böse" geben müsse: Das eine ist ein natürlicher Gegenpol zum Guten, man könnte auch sagen, die Auflösung oder Destruktion als notwendiger Gegensatz zum Konstruktiven, also das alte „Stirb und Werde". Das absolute „Böse" könnte dann etwas sein, was außerhalb dieser naturgegebenen Polarität steht, eine „Macht", die Komplementaritäten, in unserem Fall die zwischen Macht und Ohnmacht, negiert. Wenn in einem Land oder in einer Seele eine solche Negation vorherrscht, ist das absolut pathologisch und lebensfeindlich.

Wir haben in Indonesien immer wieder gesehen, wie die Menschen auf kleinen Altären am Straßenrand oben den hellen, „guten" Dämonen opfern und unterhalb, in einer großen Nische, den dunklen, „bösen Mächten" fast dieselben Gaben darbringen (Maiskolben, Hühnerbeine, Blumen usw.). Damit sind sie im Einklang mit dem Kosmos und seinen Polaritäten. Aber was ist mit unserer westlichen „Zivilisation" geschehen, spätestens seit der Aufklärung? Haben wir diese tiefe Balance dem „Fort-Schritt" (vgl. Heinzel 2008) geopfert? Hat dieses Machtspiel schon seit Christi Geburt seinen Anfang genommen – oder gar seit der „Erfindung" des Monotheismus durch Echnaton?

Sicherlich haben wir Menschen die Aufforderung „Macht euch die Erde untertan!" zu wörtlich genommen, indem wir uns des Planeten bemächtigen? Immer deutlicher ist anscheinend das natürliche Macht-Gleichgewicht zwischen oben und unten, zwischen Werden und Vergehen, gestört. Wenn hinter der „Macht" der Eltern oder eines Diktators uneingestandene Ohnmacht und Schwäche (v. a. aufgrund unverarbeiteter Traumata) verborgen sind, kann das Gesamtsystem pathologisch werden, bei Eltern durch Gewaltausübung bis zum Missbrauch, bei Diktaturen bis zum Holocaust.

Der Historiker Jörg Baberowski (2010) hat kürzlich als eine zentrale Ursache des Stalinismus die Schwäche der Bolschewiki genannt: Weil sie die Mehrheit der Russen und der sie umgebenden Völker nicht überzeugen konnten, unterwarfen sie sie mit Gewalt-Orgien, die Millionen Tote kosteten. Dieser Terror ist in Russland – im Gegensatz zu Deutschland – immer noch kaum bearbeitet (man denke an Putins Macht-Schatten), und in gewisser Weise fehlt eine solche Geschichts-Aufarbeitung auch in den USA.

Nun könnte man sagen: Das ist ja gottlob in unserer „zivilen Welt" überstanden, wir haben ja fast in allen Ländern wenn auch nicht immer gute Demokratien, so doch einigermaßen rechtsstaatliche Verhältnisse. Aber wie so oft trügt der Schein etwas. Die Bedingungen und Hintergründe unserer „fortschrittlichen" Gesellschaften, die unser Leben bestimmen und unter denen immer mehr Menschen – vor allem unsere Patienten – zunehmend leiden, haben viel mit Mächten zu tun, vor allem unsichtbaren. Aber dazu müssen wir kurz „bei Adam und Eva anfangen"!!

2.2. Wissen ist Macht

„Eritis sicut deus scientes bonum et malum." – Warum schrieb Mephisto diesen Satz der Schlange, mit dem sie Eva und Adam zum „Sündenfall" verlockte, dem Studenten von Faust ins Stammbuch? Wir sehen, wie eng offenbar in den Vorstellungen der Menschen Erkenntnis, Wissen, Scham und „Sünde" miteinander verknüpft sind. Aber was könnte damals die Sünde gewesen sein? Hätten Adam und Eva denn dumm bzw. unbewusste Tiere bleiben sollen?

Auch wenn wir diesen Akt inzwischen eher als Bewusstseinsweckung und Menschwerdung ansehen – bis heute steckt darin auch der Verdacht der Hybris, der Wunsch, wie Gott sein zu wollen (sicut deus). Vielleicht könnte man seit der Aufklärung tatsächlich davon sprechen, dass der Mensch einem Gotteskomplex (vgl. Richter 1976) erlegen sei und sich die Macht über den Globus aneignen wolle – mit der Gefahr, ihn zugrunde zu richten.

Hat Nietzsche dies vielleicht vorausgeahnt, als er Zarathustra (s. o.) die prophetische Mahnung in den Mund legte, man solle nicht an der Erde freveln? Immerhin könnten wir einen Zusammenhang finden zwischen dem Brüchigwerden unseres emotionalen und spirituellen Mutter-Bodens samt der Entwertung des

Weiblichen (vgl. Lietaer 2000) einerseits und der „Flucht nach vorn" in die Rationalität, Effektivität und Umweltzerstörung andererseits.

Man wusste schon mit dem Aufkommen von individuellem und abstraktem Bewusstsein: Wer gut informiert ist, die Zusammenhänge und Hintergründe kennt, hat damit auch die Möglichkeiten, andere auszunutzen, zu manipulieren. Schon früh waren das die Priester, ob in Ägypten oder in Delphi, die den „Willen der Götter" für die Menschen interpretierten. Aber warum haben so viele Drahtzieher ihre Wissensmacht missbraucht?

Jung (GW 5, § 197) sieht Macht und Willen zunächst als eine Auswirkung der Libido wie andere Intentionen, Eros, Hunger usw. Wir müssen aber versuchen, hinter die Kulissen zu sehen: Warum und wie übt jemand Macht aus? Und warum war es schon immer das Bestreben der Mächtigen, mit ihrer Definitionsmacht, mit der von ihnen ausgeübten strukturellen Gewalt die Masse „dumm" zu halten, mit dem Slogan „panem et circenses" – sprich: Konsum und Unterhaltungs-Elektronik? Der Schweizer Philosoph Armin Risi sagt: „Unterhaltung ist Unten-Haltung"!!

2.3. Geld-Macht und Manipulation im Neoliberalismus

Somit sind wir bei der „Psychologie der Politik" angelangt. Der Finanzfachmann und Analytische Psychologe Bernard Lietaer beschrieb 2000, also lange vor der Finanzkrise, wie die Menschheit durch die Verdrängung und Entwertung des Archetyps der Großen Mutter immer mehr in eine Schieflage gerät: Im heutigen Geldsystem, das im neoliberalen „Monetarismus" der Chicagoer Schule von Milton Friedmann (vgl. Friedman 1992) seinen vorläufigen Höhepunkt gefunden hat, ist die Macht einseitig bei den „Vermögenden" – auch ein Wort für Macht.

Die Eliten allerdings steuern die Mehrheit der Bevölkerung durch die Verlockung der „Freiheit" und des Glücks, um jeden zum willfährigen „homo oeconomicus" zu machen, dessen vorrangiger Lebenssinn darin besteht, Geld zu verdienen und auszugeben.

Der Soziologe P. Dufour (2007) betrachtet den Markt als einen Nachfolger transzendenter Gottheiten, mit einem ähnlichen (zumindest vorgegaukelten) „Erlösungspotenzial": Und hier begegnen sich die Führer und Ver-Führer (zwischen denen es letztlich nur graduelle Unterschiede gibt) mit den Ge- und Verführten: Beide Gruppen unterliegen der Faszination der Macht. Die einen – auch die schlimmsten Diktatoren – haben von je her immer nur das Beste gewollt, sie wollten ihr Volk, ihre Gemeinde, ihre Anhänger usw. erlösen, befreien, gut führen, gegen die Feinde schützen, auch die von innen.

Die meisten brutalen Geheimpolizeien haben in ihrem Namen den Begriff „Sicherheit": StaSi, SS (Schutzstaffel) oder Ceaucescus „Seguridad". Wenn man Glück hat, ist die Führergestalt ein Mandela oder Obama, wenn man Pech hat, ein Hitler oder Bin Laden. Und die Ver- oder Geführten sind froh, jemand zu haben, der ihnen die „Wahrheit" sagt, der Entscheidungen trifft, der die Verantwortung übernimmt – und viele genießen es, im Glanz ihres Idols zu stehen. Was oft zu kurz kommt, sind Eigenverantwortung und Ethik.

Meine Kollegenfreundin Brigitte Demeure aus Avignon, die Leiterin der französischen Schwestergesellschaft unserer deutschen Gesellschaft für Psychohistorie und Politische Psychologie, schreibt in einer Rezension von Dufour: „Die transzendentale Moral Kants, die dem Individuum vorschlug, in seinem eigenen Namen zu denken, kann in einer Welt, die durch das Gebot des Genießens und des Egoismus strukturiert wird, nicht angewandt werden. Das kritische Ideal ... wird durch dieses neue Gebot ersetzt : „Lass es geschehen, Gott macht's schon!"

Dostojewskis „Inquisitor" hält den wiedergekehrten Jesus gefangen mit der Begründung, die einfachen Menschen wollten nicht aufgeklärt werden und emanzipiert sein, sondern sich gerne den Geboten und dem Schutz der Mutter Kirche unterwerfen. Die heimlichen Regeln des Marktes werden durchaus auch beeinflusst von Eliten und ihren Managern, die selbst Rädchen im Getriebe sind.

David Tuckett (2011) sagt über sie sinngemäß, es handele sich bei deren unbewussten Entscheidungsvoraussetzungen oft um Idealisierungen, ambivalente Objektbeziehungen, Machtgier, Liebe und Hass – und vor allem abgespaltene Gefühle: Typischerweise werde bei einem lockenden Geschäft das Bewusstsein des Risikos ausgeschaltet. Sehr oft werden logisches Denken und Intuition nicht integriert zu einem angemessenen Empfinden für die Außenrealität, sondern gesteuert von unerfüllten Wünschen, (Sehn-)Sucht nach Anerkennung, narzisstischen Bedürfnissen – im Sinne einer Ersatzbefriedigung. (Unser Belohnungszentrum im Nucleus accumbens im mesolimbischen System feuert kurz vor dem Gewinn oder „Schnäppchen"!)

3. Macht in der Therapie

Wenn wir uns nun klarmachen, dass wohl die meisten unserer Patienten auch unter diesen „Mächten" leiden, aber auch Angst vor Eigenverantwortung haben, müssen wir uns fragen: Wie können wir dagegenhalten, welche Gegenmacht können wir entwickeln, als Therapeuten oder Berater – und zwar möglichst, ohne die Patienten zu überfordern, z. B. indem sie uns zuliebe autonom werden sollen, und ohne selbst wieder einem Machtkomplex zu verfallen?

Weil die „Drahtzieher" selbst meist keinen Leidensdruck entwickeln (außer in der Endphase der sich immer weiter ausbreitenden System-Krankheit Burn-out), kommen nicht sie zu uns in Therapie, sondern ihre Schutzbefohlenen bzw. „Opfer". Und wir wollen auch nur deren Bestes. … Aber wer weiß, was für sie das Beste ist? Man soll ja dem Patienten nicht immer das geben, was er will, sondern das, was er braucht. Wissen wir es besser? Offenbar geht es um eine Gratwanderung: Durch die allmähliche Bewusstwerdung ihrer Abhängigkeit von und Verführbarkeit durch die Macht des Marktes, des Partners oder/und der Politik können wir sie allmählich in die Eigenverantwortung

entlassen: Sie können dann entscheiden, ob sie in Abhängigkeit bleiben wollen, ihr entfliehen oder „um ihre Freiheit kämpfen" wollen. Wenn sie ihre Abhängigkeit vom Chef oder Partner durch eine Abhängigkeit von uns ersetzen, so ist das oft nicht zu umgehen – aber im günstigen Fall vermeiden wir die Gefahr, unsere Helfer-Macht auch zur Kompensation eigener Schwächen und Defizite zu missbrauchen, z. B. durch unsere Deutungs- und Definitionsmacht, die den Patienten in unserem Sinne beeinflusst.

Auch unsere bewussten edlen Motive und berufsständischen Regeln können nicht verhindern, dass wir als Therapeuten mögliche eigene, in der Lehranalyse nicht genug bearbeitete Defizite am Patienten ausagieren. Wenn z. B. ein Therapeut von Umwelt, Partner usw. nicht genug Anerkennung bekommt, aber vom

Frankfurter Börse, Bulle und Bär vor dem Gebäude als Symbol für die steigenden und fallenden Aktienkurse, Foto: barmala (www.flickr.com)

macht

Patienten bewundert und idealisiert wird (der abhängig bleibt!). Oder wenn der Therapeut Angst vor Nähe hat, deshalb strenge „Abstinenz" pflegt und viele fachlich korrekte Deutungen gibt – auch da, wo eher eine Ermutigung angebracht wäre (und damit den in der Kindheit missachteten Patienten retraumatisiert!). Fazit: Je besser er seine eigenen Schwächen und Bedürftigkeiten kennt, desto weniger besteht die Gefahr, dass seine Macht dem Patienten schadet.

Christel Hafke (1998) hält es für überflüssig, Therapeuten vor Machtmissbrauch zu warnen oder Ethik-Richtlinien aufzustellen. Man könne mit einem interpersonellen bzw. systemischen Ansatz Probleme in Therapien vor dem Hintergrund einer Macht-Ohnmacht-Dynamik erkennen, sich daraus befreien und die therapeutische Macht verantwortungsvoll nutzen. Indes: Hier der „mächtige" Therapeut, dort der „schwache" Patient – stimmt das immer? Bei genauem Hinsehen sieht jeder Fall anders aus. Natürlich erscheine ich von außen als Therapeut zunächst „stark". Aber auch der Patient hat Macht über mich. Er kann mich (unbewusst) manipulieren (wie er vermutlich manipuliert wurde), er kann mich zu großen Anstrengungen veranlassen – aber auch hilflos machen.

Einst bemühte ich mich lange um eine Patientin, die schon von zwei Kliniken als „hoffnungslos" entlassen worden war. Ich verschrieb ihr gar gegen meine Gepflogenheiten parallel zur Analyse Antidepressiva – nichts half. Schließlich gestand ich ihr, ich sei am Ende meines Lateins. Von da an ging es kontinuierlich aufwärts. Etwa zwei Jahre später, am Ende der Therapie, als sie in meinen Augen um Jahre jünger aussah als zu Therapiebeginn, offenbarte sie mir: In dem Moment, als ich meine Hilflosigkeit gestanden hatte, habe es in ihr den entscheidenden Ruck gegeben: „Da haben Sie mir plötzlich leidgetan – und ich bin in mich gegangen." Vielleicht konnte die Patientin erst zu ihrer Stärke finden, nachdem ich die meine aufgab?

In seinem Buch „Macht als Gefahr beim Helfer" (1987) wies Adolf Guggenbühl-Craig

darauf hin, dass dem Therapeuten nicht seine Überlegenheit bei der Heilung des Patienten hilft, sondern seine Unsicherheit und Weichheit, im Sinne des aus dem Schamanismus stammenden „Mythos des verwundeten Heilers". Wenn die Schwäche des Schwachen geborgen ist in der Stärke des Starken, der sich seiner „Schwäche" bewusst ist, ist dessen „Machtausübung" im Rahmen der „natürlichen Ordnung".

In tieferen Kindheits-„Schichten", wo die „Ich-Selbst-Achse" ihren Anfang nahm und die Grundlagen des Urvertrauens gelegt bzw. beeinträchtigt wurden, an diesen frühen Weichenstellungen, wo man seine „Selbstwirksamkeit" (s. o.) erlebt, findet die Nachreifung statt, unterhalb von Symptomatik und therapeutischen „Techniken". Die „Macht" des Therapeuten ist seine eigene Seele, deren Beschädigungen und unerfüllte Träume vernarbt und betrauert sind. Aber genau das ist und bleibt für uns alle ein oft schmerzhafter, manchmal schambesetzter und stets lebenslanger Prozess.

Mit Blick auf die Machtkämpfe und die auffällige Ausblendung des Macht-Themas in der Tiefenpsychologie hält es Ethel Spector Person (1999) nicht für verwunderlich, dass das Thema „Macht des Therapeuten" bis heute in Therapieberichten und in der Theorienbildung eine immer noch untergeordnete Rolle spielt. Sie fügt hinzu, dass diese Dynamik auch in vielen psychoanalytischen Ausbildungs-Instituten immer noch mehr ausagiert als bearbeitet wird – was ich aus eigener Erfahrung bestätigen kann.

4. Macht und Ohnmacht – eine „Coniunctio"?
Immerhin war es Jung gelungen, sich aus der Atmosphäre der Meister-Verehrung und der Rivalenkämpfe abzusetzen, was ihm von Freud angekreidet wurde. Und es gelang ihm immerhin, in anderen Bereichen der Tiefenpsychologie die Polaritäten zu sehen, die allen Archetypen innewohnen.

Aber mit dem Gegensatzpaar „Macht und Ohnmacht" hatte er bei der Einschätzung von „Wotans Erwachen" im NS-Staat keine gute

Intuition – und auch wir „Nachfolger" fragen häufig nach Ursache und Wirkung und wer „recht" hat – und huldigen damit einem „kausal-analytischen" Weltbild. Vielleicht habe ich deshalb erst nach langer Zeit begriffen, welche Dynamik im Konzept der „coniunctio oppositorum" steckt.

So ging es mir bei einem Vortrag des Physikers und Psychologen Walter von Lucadou, als er versuchte, uns anhand von sogenannten Psi-Phänomenen Modelle der Komplementarität und „Systemverschränkung" nahezubringen: Komplementäre Beschreibungen von Aspekten der Welt sind nicht kausal aufeinander bezogen, es sind „akausale" Zusammenhänge, wie sie auch Jung beschrieb, aber auch nicht final. In der Physik spricht man u. a. dann von Komplementarität, wenn beide Sichtweisen oder Beschreibungen gleichberechtigt sind und keine von der anderen her erklärt werden kann.

Die berühmteste Komplementarität postulierten Bohr und Heisenberg, indem sie Quanten als Welle und Korpuskel beschrieben – zwei Auffassungen von Wirklichkeit, die sich für unser Verständnis gegenseitig ausschließen und doch gleichberechtigt und „wahr" sind. Die klassische Komplementarität der Systemtheorie findet man zwischen globalen und lokalen Phänomenen.

W. v. Lucadou (2011) betont, dass in einem verschränkten System das Ganze die Teile nicht determiniert, sondern ihnen „Freiheit und Potenzialität" lässt. Parallelen zu Individuum und Gesellschaft sind offenkundig: Somit sind der „hirnlose" Fisch und seine „Follower" gleichberechtigte Mitspieler des Gesamtsystems. Auch in einem funktionierenden System (wie hoffentlich in unserer Therapie) handelt es sich um ein komplementäres Zusammenspiel von Verantwortung und Hilfsbedürftigkeit.

Wenn schon in der Physik Akausalität eine Alternative zur kausalen Verknüpfung von Phänomenen ist – was liegt dann näher, als auch die meisten unserer psychischen „Observablen", als komplementär bzw. verschränkt anzusehen? W. v. Lucadou nennt eine Reihe von komplementären Beschreibungsgrößen aus den Humanwissenschaften, wie Denken vs. Fühlen, bewusst vs. unbewusst, Freiheit vs. Verantwortung, Kontrolle vs. Vertrauen usw. So ist es auch bei der Polarität von Macht und Ohnmacht – und das vor dem Hintergrund der Komplementarität „individuell und kollektiv"!

In meinem Buch (2008) habe ich ein Kapitel der Chaosforschung und das nächste der Liebe gewidmet („Machtkampf oder kreatives Chaos?"). Unvereinbare gleich-mächtige Gegensatz-Paare aus zwei Dimensionen vergleiche ich dort mit einem Zylinder: Eine Sichtweise zeigt einen Kreis, die andere ein Quadrat – je nachdem, von welcher Seite man das System betrachtet – mein Vorschlag zur Quadratur des Kreises!

5. Aus-Blick

Das Ganzheitliche, das durch den Archetyp der Großen Mutter gewährleistet war, in dem noch das Dionysische, das mehr naturhafte und instinktive Fühlen erhalten war, ist heute fast völlig dem einseitig „apollinischen" Rationalismus gewichen. Apoll übernahm in Delphi die Macht und vertrieb die Schlange Python, die die Große Mutter vertrat. Nur noch ihr Name hallt in der Priesterin „Pythia" wider. Alles wurde nach und nach logisch und effizient, die Definitionsmacht von Aristoteles („autós épha – er hat es selbst gesagt") beendete jede Diskussion – und mittlerweile werden Geisteswissenschaften in unseren Universitäten ausgehungert, weil sie nicht nützlich sind für die weitgehend privatisierten Markt-Mächte.

Doch das Irrationale holt uns wieder ein in Gestalt der Unberechenbarkeit dieser Märkte. Wie beschrieben, arbeiten wir ihnen selbst oft in die Hände, die unsere Lebensführung steuern, wobei sie uns glauben machen, wir wären auf der selbstbestimmten Suche nach Glück. Währenddessen frisst die Konsequenz dieses Zeitgeistes, der von allen mitgetragene Wachstumswahn unsere Ressourcen und die Zukunft unserer Kindeskinder auf. Und, wie Bertold Brecht bemerkt: „Nur die allerdümmsten Kälber wählen ihre Metzger selber."

Wir stehen somit vor einem scheinbaren Paradox: Während das heutige Individuum meint, es habe mehr Macht über sich und seine Lebensgestaltung als alle Menschen zuvor, lässt es sich von den wahren Macht-Eliten im Hintergrund, den multinationalen Konzernen, Investment-Banken, den deregulierten Finanzmärkten, die auch die Politiker „vor sich hertreiben", manipulieren.

Zur Überforderung des Einzelnen durch diese Entwicklungen schreibt der Soziologe Alain Ehrenberg (2008), die Ausbreitung von Depressionen, der steigende Konsum von Antidepressiva und Alkohol seien Reaktionen auf die allgegenwärtige Illusion einer eigenverantwortlichen „Selbstverwirklichung" (vgl. Beck, Beck-Gernsheim 1991).

Aber damit hat sich eine Verheißung der Moderne, die Befreiung des Menschen aus der Macht alter Traditionen, ins Gegenteil verkehrt. Heute ist die Depression die Kehrseite einer kapitalistischen Gesellschaft, die das angeblich „authentische" Ich zum Humankapital und Konsum-Faktor macht und damit völlig überfordert. Deshalb wäre es eine wichtige Aufgabe von uns Tiefenpsychologen, sowohl im Behandlungsraum unseren Patienten bei der „Emanzipation" gegenüber diesen Mächten zu helfen, als auch im Rahmen von bürgergesellschaftlichem Engagement, z. B. in den Medien, die im Hintergrund des gesellschaftlichen Geschehens wirksamen Mächte und Archetypen einer breiten Öffentlichkeit bewusst zu machen. Denn auch wir haben Macht – nicht nur als Helfer, sondern auch als Bürger, Konsumenten, Wähler und Mitglieder von „NGOs", Nicht-Regierungs-Organisationen.

Wolfgang Schmidbauer (2012) analysiert, wie der Kapitalismus unsere Psyche lähmt, und fordert uns auf, Gegenkräfte zu entwickeln, Gruppen zu bilden, gemeinsam zu lernen und verschüttete Begabungen freizulegen. So könnten wir tragfähige Flöße bauen und eine von unseren eigenen Irrtümern verwüstete Erde neu beleben.

Ich baue ein bisschen mit an drei solchen Flößen, in denen auch ein Brückenschlag zwischen Politik und Tiefenpsychologie möglich ist: In der erwähnten Gesellschaft für Psychohistorie und Politische Psychologie (die unter Mitwirkung von Hans Dieckmann in den 80-er Jahren in Berlin gegründet wurde), bei Attac Deutschland und bei der Global Marshall Plan Initiative für eine ökosoziale Marktwirtschaft.

Literatur
Baberowski, J. (2010): Verbrannte Erde. München 2010
Bandura, A. (1977): Efficacy in Changing Societies. NY
Barz, H. (1984): Männersache – Kritischer Beifall für den Feminismus. Stuttgart
Beck, U., Beck-Gernsheim, E. (1991): Das ganz normale Chaos der Liebe. Frankfurt
Dufour, D.-R. (2007): Le divin marché – la révolution culturelle libérale. Denoël
Ehrenberg, A. (2008): Das erschöpfte Selbst. Frankfurt
Freud, S. (1974): Massenpsychologie und Ich-Analyse. Studienausg. Bd. IX, Frankfurt
Friedman, M. (1992): Geld regiert die Welt. Düsseldorf
Guggenbühl-Craig, A. (1987): Macht als Gefahr beim Helfer. Freiburg
Hafke, C. (1998): Vertrauen und Versuchung. Über Machtmissbrauch in der Therapie. Hamburg
Heinzel, R. (2008): Die Wiederentdeckung der Zuversicht. München
Jung, C. G. (1973): GW 5, Olten: Walter
Knox, J. (2012): Selbstwirksamkeit in Beziehungen. Vortrag auf dem DGAP-Kongress
Lietaer, B. (2000): Mysterium Geld. Emotionale Bedeutung eines Tabus. Mönchengladbach
Lucadou, W. v., Römer, H. (2011): Schuld, Person und Gesellschaft, in: Kick, H, Schmidt, W. (Hg.): Schuld – Bearbeitung. Bewältigung, Lösung, Berlin
Mary, M. (1991): Schluss mit dem Beziehungskrampf. Stuttgart
Richter, H.-E. (1979): Der Gotteskomplex. Hamburg
Schmidbauer, W. (2012): Das Floß der Medusa. Hamburg
Singer, K.: Ziviler Mut. Vortrag am 25.01.2003 in der Kirche St. Ignatius, München
Spector Person, E. (1999): Über das Versäumnis, das Machtkonzept in die Theorie zu integrieren. Vortrag auf der DGPT-Tagung 1999, Lindau
Theweleit, K. (1980): Männerphantasien 1 u. 2. Hamburg
Tuckett, D. (2011): Minding the Markets. Vortrag bei der DGPT-Jahrestagung Sept. 2011
Weber, Max (1922): Wirtschaft und Gesellschaft. Frankfurt

Roland Heinzel
Dr. med., Dipl.-Psych., Facharzt für Neurologie, Psychiatrie und Psychosomatische Medizin, Psychoanalyse, Gruppentherapie, Bioenergetische Analyse, Supervision, Balintgruppenleitung. Dozent am C. G. Jung-Institut Stuttgart, Dozent und Lehrtherapeut am Centrum für Integrative Psychotherapie München und beim Weiterbildungskreis Psychotherapie Konstanz/Reichenau.

Wer hat die Hosen an?

Macht und Ohnmacht in Paarbeziehungen

Hans Jellouschek

Foto: Rico Kühnel (www.pixelio.de)

Wir kommen nicht umhin, in der Paarbeziehung auch Macht auszuüben. Denn wir wollen den Partner / die Partnerin ja – wenigstens hin und wieder – beeinflussen, wir wollen den anderen zu etwas bringen oder ihn von etwas abhalten. Das heißt: Wir wollen uns und unseren Willen beim anderen durchsetzen. Also üben wir Macht aus. Das ist ja nicht weiter schlimm, sondern etwas ganz Normales, und ohne das geht es gar nicht im Zusammenleben der Menschen. Allerdings kommt es sehr darauf an, wie das geschieht. Und die Art und Weise, wie es geschieht, ist sehr oft ein wesentlicher Grund,

warum Paare in die Therapie kommen: Beide leiden oder einer von beiden leidet darunter, wie vom Partner Macht auf ihn ausgeübt wird.

Macht-Muster in der Paarbeziehung

Um hier klarer zu sehen und Ansatzpunkte für Veränderungen zu finden, unterscheidet die Systemische Therapie bestimmte Muster der Machtausübung (vgl. dazu Napier 1990). Eine wichtige Unterscheidung ist dabei die von asymmetrischen und symmetrischen Machtmustern. Das asymmetrische Muster besteht darin, dass vorwiegend einer der Partner in

Führung geht und der andere sich – mehr oder weniger willig – anschließt, also dem Wollen des anderen nachkommt. Dieses Muster wird auch komplementär genannt: Beide Positionen ergänzen sich gewissermaßen, einer führt, der andere folgt. Beim symmetrischen Machtmuster hingegen gehen beide gleichermaßen in Führung und wollen, dass der andere ihnen Folge leistet. Man ahnt sofort, dass dies wohl nicht gut gehen kann.

Aber auch das asymmetrische Muster kann, vor allem in der heutigen Zeit, sehr konflikthaft werden. In früheren Zeiten war es ja durchaus die Regel, dass – jedenfalls nach außen – der Mann in der führenden und die Frau in der angepassten Rolle war. Diese Mann-dominierte Ehe ist durch die Frauen-Emanzipation des letzten Jahrhunderts fast „ausgestorben". Da, wo wir ihr noch begegnen, wird sie von Frauen nicht selten „unterlaufen" – zum Beispiel durch sexuelle Verweigerung oder indem sie die „Macht der Ohnmacht", z. B. durch Entwicklung einer depressiven Symptomatik, ausspielen, die den Mann „schachmatt setzt".

Häufiger als Mann-dominierte Ehen begegnen mir in letzter Zeit hingegen einseitig Frau-dominierte Beziehungen, in denen die Frauen fast alles bestimmen und die Männer zu Randerscheinungen geworden sind, die auf keinem Gebiet mehr etwas zu sagen haben. Dies ist oft der Grund, dass solche Paare in Therapie kommen – angestoßen meist durch die Frauen, denen in solchen Konstellationen ein starkes männliches Gegenüber zu fehlen beginnt.

Machtausübung gelingt generell immer nur dann, wenn einer da ist, der sich dieser Macht fügt. Darum können symmetrische Macht-Muster wie schon angedeutet, nicht „funktionieren". Paare, die es versuchen, verstricken sich meist in nicht mehr enden wollende Konfliktspiralen. Der Grund ist: Wenn beide dominieren wollen, muss sich jeder dem anderen gegenüber als der Stärkere erweisen. Um das zu erreichen, wird in aller Regel versucht, den Partner durch Abwertungen „klein zu machen". Dem „muss" der andere dadurch widerstehen, dass er noch mehr über den anderen dominiert, indem er zum Beispiel den anderen noch stärker herunterzumachen versucht. Daraus ergeben sich nicht selten die „Dauer-Streits" der sog. „Machtkampfpaare", die schon vielen Therapeuten Kopfzerbrechen bereitet haben, weil sich zwischen ihnen eine Dynamik entfaltet, die kaum noch zu stoppen oder in konstruktivere Bahnen zu lenken ist.

Der amerikanische Paarforscher John Gottman hat in Untersuchungen festgestellt, dass derartige Kommunikationsmuster die „Liebesreserven" einer Paarbeziehung auf die Dauer mehr und mehr aufbrauchen, weil sich die betroffenen Partner kaum noch der entstehenden Konfliktdynamik entziehen können (Gottman 1999). Wenn sie es versuchen, scheint es ihnen nur in resignativem Verstummen möglich, was aber höchstens eine äußere Trennung vermeidet, aber die Qualität der Beziehung nicht besser macht.

Konstruktive Macht-Muster

Sowohl asymmetrische wie auch symmetrische Machtmuster scheinen also die Tendenz zur Destruktivität in sich zu haben. Gibt es dann aber überhaupt eine konstruktive Form der Macht-Ausübung in Beziehungen, die Paare „lernen", und durch die Beziehungen auch bereichern können? In der systemischen Therapie werden drei Formen konstruktiven Umgangs mit Macht beschrieben, die ich hier kurz benennen will.

Die eine Form ist der flexible Umgang mit dem asymmetrischen Machtmuster: Mal bestimmt der eine und der andere schließt sich an, mal geht es umgekehrt. Hier geht es nicht darum, was bestimmt wird, sondern wie bestimmt wird, nämlich im flexiblen Wechsel der beiden Partner. Zum Beispiel: An dem einen Wochenende macht der Mann die Vorschläge für die Gestaltung und die Frau schließt sich an, an dem anderen Wochenende ist es umgekehrt. Durch diese Abwechslung entstehen Flexibilität und immer wieder Ausgleich, keiner der beiden fühlt sich „untergebuttert" und braucht deshalb auch seinerseits gegen den Partner nicht „aufzurüsten". Diese und ähnliche „Anordnungen" lassen sich in der Therapie übrigens auch als „Hausaufgaben" für das Paar nutzen, die den Partnern helfen, konstruktive Komplementarität zu erfahren und aus bisherigen asymmetrischen oder symmetrischen starren Mustern herauszufinden. Das Gleiche kann auch in verschiedenen Bereichen praktiziert werden, indem jedem der Partner Kompetenzbereiche zuerkannt werden, in denen er bestimmt: Für Finanzen und Garten ist beispielsweise der Mann zuständig, für die Frei-

Foto: Candida Performa (www.flickr.com)

zeitgestaltung und den Haushalt die Frau. Natürlich funktioniert das nur dann, wenn die Partner sich jeweils für diese Bereiche die nötige Anerkennung geben und bereit sind, dem anderen in diesem Bereich Folge zu leisten.

Darin ist aber auch ein sehr konstruktives Element für die Beziehung enthalten: Nämlich die Anerkennung der Kompetenz des anderen: „Ich traue dir das zu, darum überlasse ich dir das und richte mich hier nach dir!“ Ein positives, partnerschaftliches Verhältnis im Bereich der Machtausübung entsteht also hier dadurch, dass wechselseitig flexible asymmetrische Machtmuster etabliert und anerkannt werden.

Eine zweite Form konstruktiven Umgangs mit Macht ist die Anerkennung und Praxis des Kompromisses, das heißt in unserem Zusammenhang: Beide achten darauf, dass in der zur Frage stehenden Sache sowohl von ihrem Anliegen etwas zum Zug kommt als auch das Anliegen des Partners berücksichtig wird. Hier geht es um das Finden einer Balance zwischen Selbstbehauptung und Eingehen auf den anderen: „Ich möchte dieses Wochenende eigentlich ganz für mich haben, du möchtest es gemeinsam mit mir verbringen, also verbringen wir den Samstag gemeinsam, und am Sonntag ist jeder ganz für sich!“

Schließlich, drittens, kann es auch noch ein Ausweg aus der Sackgasse der Machtkämpfe sein, wenn dem Paar eine sogenannte „Dritte Lösung“ gelingt: „Du liebst Urlaub am Wasser, ich liebe Urlaub in den Bergen. Also suchen wir uns einen höher gelegenen See, der noch warm genug zum Schwimmen ist, von dem aus man aber auch Bergtouren machen kann ...“ Hier wird in kreativer Weise anstelle eines „Entweder-Oder“ ein „Sowohl als auch“ gefunden.

Dies sind Formen konstruktiver Machtausübung, und sie können für Paare auch als „Auswege“ aus der Verstrickung in destruktive Machtmuster genutzt und geübt werden. Allerdings ist es nicht einfach, die gelernten destruktiven Muster durch solches „Training“ außer Kraft zu setzen. Der Sog in die Destruktivität, der Sog hin zur lange Zeit geübten und „eingelernten“ destruktiven Machtausübung, die den anderen ohnmächtig machen will, bleibt nach wie vor groß, und das Neu-Lernen braucht von beiden, vom Therapeuten wie vom Paar, viel Geduld und Konsequenz. Damit kommen wir jetzt zu einer letzten Überlegung, dem Verhältnis von Macht und Liebe.

Macht und Liebe

Wo Macht auf eine der eben charakterisierten konstruktiven Weisen in Paarbeziehung ausgeübt wird, geht es nie nur um Macht. Denn wenn der andere meinem Vorschlag folgt und sich nach mir richtet, gibt er mir dadurch ja auch Anerkennung. Die bewusste Entscheidung, dem anderen Folge zu leisten, enthält immer auch Botschaften an ihn wie „Ich anerkenne deine Kompetenz", „Ich achte deinen Willen", „Du bist mir wichtig!" Das heißt: Der andere lässt sich anerkennend auf mich ein, er sendet mir damit eine „Botschaft der Liebe"! Geschieht es wechselseitig, ergibt sich daraus ein wichtiger Austausch von „Geben und Nehmen", den die Liebe in jeder Beziehung braucht, um lebendig zu bleiben.

Umgekehrt können wir aber auch sagen: Da wo ein Partner mit allen Macht-Mitteln versucht, seinen Willen gegen den Widerstand des anderen durchzusetzen und dafür Streit und nicht enden wollende Konflikte anzettelt, auch da geht es letztlich um Liebe. Immer ist dies nämlich ein Versuch, Liebe zu erzwingen. „Wenn sie mich schon nicht lieben, sollen sie mich wenigstens fürchten!" – in diesem Ausspruch, der dem „Alten Fritz", dem König von Preußen, zugeschrieben wird, kommt dieser letztlich verzweifelte und hoffnungslose Versuch zum Ausdruck. Das heißt aber mit anderen Worten: Entweder ist der eine Partner durch das lieblose Verhalten des anderen so verunsichert und frustriert, dass er zu diesem Mittel greift, oder er bringt schon aus seiner Herkunftsfamilie die Überzeugung mit in die Beziehung, dass er freiwillig ohnehin nicht bekommen wird, wonach er sich im Tiefsten sehnt: nach der bedingungslosen Anerkennung und Liebe seines Gegenübers. Somit ist ein destruktiver Umgang mit Macht in der Paarbeziehung immer letztlich geboren aus der Ohnmacht des Kindes, das auf die bedingungslose Liebe der Eltern angewiesen ist, ohne sie erzwingen zu können.

Gelingt es, diese Dimension in der Arbeit mit Paaren anzusprechen und die Partner damit in Kontakt zu bringen, ist dies zweifellos der wirksamste Weg, destruktive Machtmuster in ihrer Beziehung nachhaltig zu überwinden.

Literatur

Gottman, John M. (1999): Lass uns einfach glücklich sein. Der Schlüssel zu einer harmonischen Partnerschaft. München
Jellouschek, Hans (2009): Was die Liebe braucht. Antworten auf die wichtigsten Beziehungsfragen. Stuttgart
Napier, Augustus Y. (1990): Ich dachte immer, meine Ehe sei gut, bis meine Frau mir sagte, wie sie sich fühlt. Stuttgart
v. Tiedemann, Friederike (2009): „Wer hat die Macht?" In: Psychologie heute, Juli 2009, S. 20-26

Hans Jellouschek
Dr. theol., Lic. phil., Paartherapeut, Lehrtherapeut für Transaktionsanalyse und Systemisch-Integrative Paartherapie (HJI), Autor mehrerer Bücher über Paarbeziehungen, langjährige Fortbildungstätigkeit für Paarberater und Paartherapeuten.

Liebe und Macht

Wo die Liebe herrscht, da gibt es keinen Machtwillen,
und wo die Macht den Vorrang hat, da fehlt die Liebe.
Das eine ist der Schatten des anderen.
Wer auf dem Standpunkt des Eros steht,
dessen kompensierender Gegensatz ist der Machtwille.
Wer aber die Macht betont, dessen Kompensation ist der Eros.

(C. G. Jung, GW 7, § 78)

Symbole der Macht (1)
„Von oben herab"

Macht verbindet sich vor allem mit Größe Höhe und Weite. Der Himalaya ist die mächtigste Gebirgskette der Welt. Der Himalaya, Teil Sdes „Daches der Welt", „beschützt" das Klima und die Flüsse, die durch ihn entstehen, in besonderer Weise den indischen Subkontinent. Ähnlich wie andere Berge wurde er auch als Sitz der „Götter" angesehen.

Elisabeth I. mit den Krönungsinsignien Krone, Zepter (Symbol der weltlichen Macht), Reichsapfel (Symbol der christlich geführten Macht über Erde und Himmel), ihrem reich bestickten Gewand, das mit Hermelin umsäumt ist, auf dem erhöhten Thron sitzend; alles in allem: Eine perfekte Macht-Inszenierung.

Der Symbolcharakter von Macht, Größe, Stärke und wirtschaftlicher Überlegenheit war vermutlich mit ausschlaggebend für die Anschläge vom 11. September 2001 auf das World Trade Center in New York – lange Zeit eines der höchsten Gebäude der Welt.
Dieser Terroranschlag wurde von seinen Befürwortern bejubelt als der Beginn des „Niedergangs" einer „Großmacht".

Symbole der Macht (1)
„Von oben herab"

Größe und Höhe verknüpfen wir instinktiv mit Überlegenem, Erhabenem und Göttlichem. Berge bieten einen gewissen Schutz vor Feinden und verkörpern in ihrer majestätischen Größe Macht und Kraft, Ruhe, Zuverlässigkeit und Beständigkeit.

Berge und ihre von Menschen gefertigten Nachbauten, die Pyramiden, Tempel, Kirchen und Kathedralen, Burgen und Schlösser, Türme, Obelisken und Triumphbögen, Brücken, Hochhäuser und Wolkenkratzer, spiegeln die Urpolarität von „Oben und Unten": Schöpfungsmythen lassen die Welt- und Selbst-Bewusstwerdung des Menschen beginnen mit einer Aufspaltung der uranfänglichen Einheit in einen oberen „himmlischen" und einen unteren „irdischen" Bereich. Oben ist der Himmel, die Luft, der Geist, das Göttliche, das Unendliche, unten ist die Materie, die Erde, das Schwere, das Endliche, der verschlingende Abgrund, die Unterwelt.

Auf unser individuelles und persönliches Dasein bezogen heißt „Oben-Sein" mächtig, beflügelt, begeistert sein. Wenn wir uns gut fühlen, stark und überlegen, dann sind wir „oben auf", „Top" oder „auf der Höhe", „on the top of the world." Der Aufstieg dorthin ist oft mühsam, zugleich meist eine günstig bewertete Aufwärtsentwicklung. In diesen Kontext gehören: Aufschwung, Aufwärtstrend, Aufstieg einer Dynastie oder eines Weltreiches, Boom, Rush, Wirtschaftsaufschwung.

Erfolgreich im Leben sein heißt, sich die Erfolgsleiter nach oben hinaufgearbeitet zu haben, einen sozialen „Aufstieg" geschafft oder eine „steile" Karriere gemacht zu haben. Einmal im Leben „ganz oben" zu stehen, ist der geheime Wunschtraum vieler Menschen, denn das bedeutet, die „Hochgefühle", den Triumph der Macht, des Einflusses, der Bewunderung und des Ruhms zu erfahren und über den anderen Menschen zu stehen.

Der Abstieg aus diesen einmal erreichten Höhen wird oft als sehr schwierig und leidvoll empfunden, denn in unserer leistungsorientierten Gesellschaft wird es nicht honoriert, „abzusteigen" oder „herunterzukommen". Dabei kann gerade das Loslassen von überhöhten Leistungs- und Idealvorstellungen zu einer großen Befreiung, zur Gelassenheit und Menschlichkeit führen.

Im Zusammenhang der symbolischen Bedeutung von Größe und Höhe werden auch die Insignien königlicher, kaiserlicher und päpstlicher Macht wie die Krone, andere Kopfbedeckungen und der Thron verständlich. Kronen erhöhen und betonen den Kopf des Gekrönten. Sie sind meist golden, kostbar gearbeitet, haben Kranz-, Kreis- oder Ringform und deuten so u.a. auf die Sonne, deren Lebenskraft, Vollkommenheit und Unendlichkeit. Die wertvollen, prachtvoll funkelnden und strahlenden Materialien (Gold und Edelsteine) weisen auf Reichtum und Pracht, Majestät, Ehre, Würde und Ansehen des Gekrönten.

Der Thron ist eine Art erhöhter Stuhl oder Sessel eines weltlichen oder geistlichen Herrschers. Er steht meist erhöht, z. B. auf der obersten Stufe einer Treppe, so dass man zu ihm hinauf schreiten muss und symbolisiert auch auf diese Weise die Erhöhung, Macht und Status seines Inhabers.

In Anlehnung daran sitzen Richter bis heute erhöht, die Richter der höchsten Gerichte auch auf thronähnlichen Stühlen. Unfehlbar ist der Papst, wenn er „ex cathedra", vom Throne aus spricht. Nicht zu vergessen ist als moderne Form des Throns der machtvolle Chefsessel, der dem Vorgesetzten immer einen etwas erhöhten Sitz hinter seinem Schreibtisch gewährleistet und das hierarchische Gefälle zwischen Oben- und Untensein gut empfinden lässt.
(Quelle: www.symbolonline.de)

Allmacht der Psyche

Hinderk M. Emrich

I.

Warum spreche ich von „Allmacht" der Psyche? Der Gedanke ist mir gekommen innerhalb einer Reihe von Therapien, in deren Verlauf sich die Wirkmächtigkeit der Seele auf zweierlei Weise ausdrückte: einmal in der Unbeugsamkeit des Seelischen; es ist oft nicht zu glauben, wie hartnäckig unbewusste Kräfte in uns ihre „Ziele" verfolgen, geradezu widerborstig; zum anderen aber auch gerade in den „heilenden Kräften", die die Welt verändern können und so aus dem Unbewussten heraus „Macht" ausüben können.

Hierzu passt eine Anekdote über einen schwerkranken Patienten, für den keine Diagnose gefunden wurde und der immer kränker wurde. Als schließlich ein berühmter Arzt am Krankenbett erscheint und die Diagnose „Moribundus" (Sterbender) stellt, ist der Patient flugs wieder lebensfähig und verlässt geheilt die Klinik (vgl. Watzlawick: „Wie wirklich ist die Wirklichkeit?"). Mit Watzlawick könnte man es so formulieren: Es sind die ins Leben tretenden internen Wirklichkeitskonstruktionen, die letztlich die heilende „Allmacht der Psyche" möglich machen.

Was aber ist nun das „Wesen" dieser „Macht"? Friedrich Nietzsche spricht vom „Willen zur Macht", ein immer wieder fehlgedeuteter und als Faschismus-verdächtig aufgefasster Ausdruck. Alfred Adler hat Nietzsche dahingehend richtig verstanden, dass es hier um die Gesamtheit der Selbstmanifestationen des Subjekts geht, die sich ausdrücken wollen und die damit die Wirklichkeit verändern können.

Teiresias erscheint dem Odysseus während der Opferung, Johann Heinrich Füssli (1741 – 1825), Graphische Sammlung der Albertina, Wien

Allmächtig oder nicht: Ursprünglich stammt der Psyche-Begriff von Aristoteles und seiner Vorlesung in Athen, von der es nur eine Vorlesungsmitschrift gibt mit dem Titel „Peri psychäs" („Über die Seele"), einem Text, in welchem Aristoteles deutlich macht, dass Seele für „Lebendigkeit" steht, für die Beseelung als Unterschied zwischen dem Lebendigen und dem Toten.

The Song of Bethlehem, Dalziel, The Brothers, aus: A record of Work 1840 – 1890

II.

Unser psychophysisches Dasein ist nicht eindimensional, nicht „aus einem Guss". Wir existieren in einer Mehrläufigkeit des (lebendigen) Seins: Wir laufen gewissermaßen auf mehreren Strängen gleichzeitig. Dabei ist es so: Das Unbewusste „weiß" (auf „seiner" Ebene): Es treibt nicht einfach nur an, bleibt nicht „blind", sondern „weiß, was es will" – es ist „blind sehend" und dadurch mächtig. Man denke an den blinden Seher Teiresias; an „Ödipus rex", der erst sehend wird, nachdem er sich selbst hat „blenden" müssen: Er sieht dann mit dem „dritten Auge". So putscht gewissermaßen das Unbewusste gegen das Bewusstsein, um eine besondere Wahrheit durchzusetzen, sie sichtbar werden zu lassen.

In Heinrich von Kleists Novelle „Die heilige Cäcilie oder die Gewalt der Musik" gehen zwei Gewalten von der Musik, der Seelen-Sprache,

aus: einmal die Macht der Musik-Seele, Dämonen zu bannen und zu vertreiben: Die Bilderstürmer aus dem protestantischen Holland von ca. 1590 haben den Plan, in Aachen im Kloster der Hl. Cäcilie den Gottesdienst zu stören und die Bilder der Klosterkirche zu vernichten. Die Kapellmeisterin Schwester Antonia, die den Nonnenchor leiten soll, ist erkrankt. Doch plötzlich erscheint die heilige Cäcilie selbst, dirigiert den Chor und die Bilderstürmer erstarren, zu keiner Handlung fähig.

Die Allmacht dieser musikalischen Bannkraft ist die des orphischen Gesanges, der Menschen und Tiere, ja die Dämonen der Unterwelt bezwingt. So dichtet hierzu Rainer Maria Rilke in „Sonette an Orpheus" III (S. 676):

> *Gesang wie du ihn lehrst ist nicht Begehr,*
> *nicht Werbung um ein endlich noch Erreichtes;*
> *Gesang ist Dasein. Für den Gott ein Leichtes.*
> *Wann aber sind wir? …*

Die Musik als Seelensprache ist als solche bereits siegreich und mächtig. Es gibt aber noch eine andere Gewalt, die von der Musik ausgehen kann – die Macht der Kompensation. Im Falle der Kleistschen Novelle ist es die Überwindung des Traumas des Versagens der Bilderstürmer in Form einer Wiederholung des Traumas in umgewandelter Form. Sie erscheint als eine Mischung aus Wiederholungszwang nach Sigmund Freud und der „Wiederholung" im Sinne von Sören Kierkegaard. Es geht um die kompensierende Bewältigung der Erniedrigung, die in der Erstarrung durch die Gewalt der Musik liegt und die nun ihrerseits eine neue Gewalt auf die verhinderten Stürmer ausübt.

Heinrich von Kleist „erfindet" in der „heiligen Cäcilie" eine Krankheit, ein Ritual, eine Zwangsstörung, die beinhaltet, dass die Psyche der Bilderstürmer es nicht erträgt, – gegen ihre Ideologie – durch die „Gewalt der Musik" den Bildersturm nicht vollzogen zu haben. Im Sinne des jungschen Prinzips der Autoregulation der Archetypen könnte man sagen, es werde im „wissenden Unbewussten" der Gegenpol aufgerufen, eine Art innere

Antimusik als aufschreiendes Ritual, die sich wie eine Naturkatastrophe äußert. Vielleicht ist ja Heinrich von Kleist überhaupt der stärkste Beschreiber von „Allmacht der Psyche", allerdings auch der Macht der kollektiven Psyche; man denke an das „Erdbeben zu Chili", wo die geretteten Liebenden durch die Macht des Kollektivs – durch dessen Sinneswandel – zugrunde gehen.

Nach der Konzeption, dass Zwangsrituale mit der Frage der Psyche zu tun haben „Warum tue ich eigentlich nicht, was ich will?" (Emrich, 2002), wird die (scheinbar entlastende) Antwort der Psyche gegeben: Es ist der Zwang, der mich an meiner eigenen (einsichtsvollen) Spontaneität des Willens und dessen Ausführung hindert. Insofern hat das Zwangsritual etwas Entlastendes. So auch hier bei Heinrich von Kleist: Das Zwangsritual, als Gruppe jeden Tag um eine bestimmte Uhrzeit in einer grausigen unmusikalisch-heulenden Form die beschriebene Antimusik zur heiligen Cäcilie herauszuschreien, hat eine (in der Sackgasse der Unvernunft notwendige) Halt gebende, entlastende Funktion. Eine (therapeutische) Chance wäre die Einsicht: Was wir damals wollten, war falsch. Die „Gewalt" dieser Antimusik, die zugleich Traumabewältigung im Sinne der „Wiederholung" (Kierkegaard) und Halt gebende Funktion im Ritual der Zwangserkrankung darstellt, hat den Sinn, letztlich mit dem Identitätsverlust des Scheiterns als Bilderstürmer fertig zu werden.

Fragen nach dem Ursprung von Gewalt sind in bestimmter Hinsicht immer auch Identitätsfragen. Deshalb kann man auch von einer Dynamik, einer Energie, der „Identitäts-Bildungsenergie" sprechen (Emrich, 2007).

III.

Nach C. G. Jung gibt es eine Macht der „Autoregulation der Archetypen", die eben gerade nicht „blind" ist, sondern eine verweisende, hinweisende und damit be-„deutende" Funktion hat und „wissend" in das Geschehen, in das Schicksal des Subjekts, eingreift. Hierbei ist das Unbewusste dialogisch-dialektisch aufgebaut und konstituiert den „Gegenpol" (Goethe: „Jedes ausgesprochene Wort erregt den Gegensinn"); d. h. es muss ausgesprochen werden, worum es der Psyche geht, es reicht nicht aus, dass das Wissen „latent" vorhanden ist.

Eine Patientin, Pianistin, die ihr einseitiges Leben, nur Klavier zu spielen, als mögliche Ursache ihrer psychischen Einbrüche entdeckt, findet durch einen Traum heraus, wie sehr sie ihr Ballett-Tanzen seit Jahren vernachlässigt hat. Als sie dann aber zu Ballett-Proben reist, träumt sie davon, wie schön und erfolgreich doch das Klavierspielen ist ...

Das Unbewusste ist mächtig durch seine regulative, kompensierende archetypische Kraft. Dabei ist das Unbewusste nicht einfach eine Ansammlung von Trieben, sondern ist semantisch aufgeladen, ist voller Bedeutungshaftigkeiten und – darüber hinaus – voller Intentionen: Es ist auf etwas aus, ist mit latentem „Wissen" ausgestattet, zumindest als Frage: Was ist jetzt richtig? Dieser sich andeutende Wille – das muss man leider sagen – kann aber auch „verquer" sein, kann (aufgrund seelischer innerer Missverständnisse und Verhakungen) falsch liegen. Deshalb ist die steuernde Dynamik der Autoregulation so wichtig und ist letztlich ihre Prüfung durch den (inneren) Dialog zwischen Intuition und Vernunft so bedeutungsvoll.

So lässt sich vermuten, dass C. G. Jung selbst (auf die Allmacht der Archetypen sich verlassend) auf diese quasi „hereinfiel", als er im Nationalsozialismus den Wotan-Mythos nicht hinreichend als gefährlich einschätzte und diese Haltung später tief zu bereuen hatte. Insofern kann man sich auf die „wissende" Macht der eigenen Archetypen nicht wirklich verlassen, sondern muss sie sehr genau – in ihrer Dynamik und Widersprüchlichkeit – beobachten. Sie sind immer nur „Vorlagen und Vorschläge", sind aber nicht die Entscheidungen selbst. Diese muss das Subjekt letztlich selbst treffen: im (therapeutischen bzw. reflektierenden) inneren Prozess, z. B. in der Anwendung Analytischer Psychologie.

Literatur

Emrich, H. M. (2007): Identität als Prozess. Königshausen & Neumann, S. 177

Emrich, H. M. (2003): Zur philosophischen Psychologie des Wahns. In: Wahn und Wirklichkeit – Multiple Realitäten. Matthias Kaufmann (Hrsg), Peter Lang, Frankfurt a. M., S. 49 ff.

Hinderk M. Emrich
Prof. em. Dr. med. Dr. phil., Hannover, Arzt und Professor für Neurologie und Psychiatrie/Klinische Pharmakologie, Psychotherapeut, Psychoanalytiker; von 1992 bis 2008 Leiter der Klinik für Psychiatrie, Sozialpsychiatrie und Psychotherapie der Medizinischen Hochschule Hannover. Lehrauftrag an der Deutschen Akademie für Film und Fernsehen. Wesentliche Forschungsgebiete: Psychopharmakologie, Wahrnehmungspsychologie und Systemtheorie von Psychosen, Synästhesie. Zusätzliche wissenschaftliche Interessen: analytische Philosophie des Geistes, Psychoanalyse nach C. G. Jung, Medientheorie, Tiefenpsychologie des Films.

Die unbewusste Psyche ist eine Großmacht

Die gigantischen Katastrophen, die uns bedrohen, sind keine Elementarereignisse physischer oder biologischer Natur, sondern psychische Ereignisse. Uns bedrohen in schreckenerregendem Maße Kriege und Revolutionen, die nichts anderes sind als psychische Epidemien.

Jederzeit können einige Millionen Menschen von einem Wahn befallen werden, und dann haben wir wieder einen Weltkrieg oder eine verheerende Revolution. Statt wilden Tieren, stürzenden Felsen, überflutenden Gewässern ausgesetzt zu sein, ist der Mensch jetzt seinen seelischen Elementargewalten ausgesetzt.

Das Psychische ist eine Großmacht, die alle Mächte der Erde um ein Vielfaches übersteigt. Die Aufklärung, welche die Natur und die menschlichen Institutionen entgöttert hat, hat den einen Gott des Schreckens, der in der Seele wohnt, übersehen.

(C. G. Jung, GW 17, § 303)

Symbole der Macht (2)
„Platz da! Jetzt komme ich!“

Je größer das Territorium, der Lebens- und Entfaltungsraum ist, den jemand kontrollieren und besetzen kann, desto größer ist seine Macht. Das gilt im Großen wie im Kleinen, im Pflanzen- und Tierreich ebenso wie bei den Menschen. Unzählige Kämpfe und Kriege wurden deswegen geführt, Ströme von Blut vergossen, namenloses Leid verbreitet.

Der Reichsapfel, eines der Insignien kaiserlicher Macht, symbolisiert dieses Leid – sicherlich ungewollt – in der Symbolik des Kreuzes, das sich über der Erdkugel erhebt. Gleichzeitig können wir nicht recht einschätzen, inwiefern der rastlose Expansionsdrang, dieses dauernde kämpferische Grenzenüberschreiten erforderlich war, um den Menschen schließlich einmal das Bewusstsein globaler Verantwortlichkeit und Verbundenheit zu schenken.

Alexander „der Große“ ist einer der ersten Eroberer. Seinen triumphalen Einzug im Babylon des Altertums (im heutigen Irak) erlebt er auf einem Kampfwagen, ihn begleitet sein Heer und das zugehörige Tross, dazu auch ein Elefant, weises Machttier und König der Tiere. Auch mit anderen „großen Tieren“ haben sich mächtige Menschen oft in ihren Wappen geschmückt, mit Adler und Falken, Bären und Löwen.

Als Ausdruck seiner Macht ließ sich Ludwig XIV., der absolutistische „Sonnenkönig“ von „Gottes Gnaden“, vor den Toren von Paris das riesige und prächtige Schloss Versailles erbauen. Umgeben von einem großen, geometrisch angelegten Park wurden nur die teuersten Materialien wie Marmor, Gold oder Alabaster verarbeitet. Ludwig lebte dort in unglaublichem Pomp und Luxus. Er veranstaltete riesige Feste, die überall in Europa von anderen Mächtigen nachgeahmt wurden.

Symbole der Macht (2)
„Platz da! Jetzt komme ich!"

Höhe, Größe und Ausdehnung eines Lebensbereiches stehen auch unter dem Gesichtspunkt der Macht in enger Wechselwirkung zueinander.

Wir leben auf einem begrenzt Raum bietenden Planeten, zugleich in einem uns unendlich erscheinenden Universum. Wir brauchen einen festen Ausgangs- und Ruhepol für unsere Aktivitäten, für die Gestaltung unseres Lebens, und wir sind ständig unterwegs, neue Räume zu finden, neue Standorte zu gewinnen, auszubauen und zu sichern.

Unseren aggressiv-expansiven Drang verkörpern z. B. die vielen Eroberer, Entdecker und Siedler der Weltgeschichte bis hin zu den Raumfahrern, die „Vorposten" in unbekannten Räumen gebaut, fremde Gebiete besiedelt oder besetzt haben. Den Pionieren, Eroberern, Kriegern und Soldaten folgten stets die Handwerker, Bauern und Gärtner, Baumeister, Architekten und Künstler. Sie bewirtschafteten den neu besetzten Raum und statteten ihn mit sakralen und profanen Bauten und Monumenten zu Ehren ihrer Anführer und zur Demonstration ihrer Macht, ihrer Ideologie und ihres Reichtums aus.

So finden wir noch heute zentrale, uns auf vielfältige Weise beeindruckende Räume und Orte der Macht, des Reichtums und des Einflusses wie Burgen, Schlösser, Prachtbauten und Villen mit den umgebenden Gärten oder Parks in schönsten Lagen. Parlamente, Regierungssitze, Verwaltungs- und Justizpaläste, Gerichte und Gefängnisse sind in besonderen Bezirken untergebracht, ebenso Bankenpaläste, Fabrik-, Konzerngebäude, die die Skyline moderner Städte meist bestimmen. In allen diesen Räumlichkeiten spiegelt sich die Rolle und Position derjenigen, die sie bewohnen. Das gilt im Großen ebenso wie im Kleinen.

Eine eigene Wohnung oder ein eigenes Haus, einen eigenen Garten, am besten mit Swimmingpool, zu besitzen, das sind Statussymbole des durchschnittlich erfolgreichen Menschen in industrialisierten Staaten unserer Zeit und in Ländern, die über genügend Raum verfügen.

Je kleiner der insgesamt einnehmbare Raum (vgl. Japan), desto kleiner der Raum, der einem Einzelnen zugestanden wird. Aber auch auf kleinem Raum ist die Anzahl der eigenen Quadratmeter ein Statussymbol. Erfolgreicher und einflussreicher ist, wer die größere Wohnfläche in der besseren Lage hat, sich Zweit- oder gar Drittwohnungen/-häuser, eine Ferienwohnung, ein Appartment in einer der teuren Großstädte dieser Erde oder auf einer Südsee-Insel leisten kann. Die ganz Mächtigen können sich sogar eine ganze eigene Insel kaufen.

Je mehr Macht wir haben, um so mehr Raum können wir besetzen und gestalten. Alles, was davon uns gehört, das soll auch von unserer Persönlichkeit „markiert" werden, unseren Stempel, unsere Handschrift tragen, soll unseren Reichtum, unseren Status und Bedeutsamkeit, unsere Potenz, unsere Individualität ausdrücken.

Paradebeispiel hierfür sind auch unsere Autos und unser Jagd-Verhalten auf den Autobahnen. Dort toben häufig innerlich und äußerlich heftige archaische Revierkämpfe und Emotionen. Die großen, starken, schnellen und teuren Autos besitzen ein „eingebautes Vorfahrtsrecht". Wer sich dem nicht demütig fügen möchte, wird mit wütend-verächtlichen Blicken, mit Gehupe und Lichtblitzen verfolgt, auf die Hörner („Stoßstangen") genommen und vom unangemessenen Terrain aggressiv und manchmal wirklich lebensbedrohend verdrängt.
(Quelle: www.symbolonline.de)

„Ein stärkstes Erlebnis"

C. G. Jung und Nietzsches Zarathustra

Michael Lindner

macht

Jungs Weg zu Nietzsche

Bereits als junger Student noch zu Lebzeiten Nietzsches hatte C. G. Jung dessen Werke auf seinem Lektüreplan, wie er in seiner Autobiografie „Erinnerungen, Träume, Gedanken" erwähnt. Aber es gab einen Grund, die Nietzschelektüre hinauszuschieben, nämlich „eine geheime Angst, ich könnte ihm vielleicht ähnlich sein, wenigstens in dem Punkte des „Geheimnisses", das ihn in seiner Umwelt isolierte." (Jung/Jaffé 1962, S. 109). Dennoch las Jung bald Nietzsches berühmtestes Buch „Also sprach Zarathustra", das „wie Goethes Faust ein stärkstes Erlebnis" (a. a. O, S. 109) für ihn war. 1921 wies Jung in seinem Buch „Psychologische Typen" auf die Bedeutung von Nietzsches Text für ihn hin: „Sein Zarathustra hebt die Inhalte des kollektiven Unbewussten unserer Zeit ans Licht." (Jung 1921, GW 6, § 318). Bereits 1918 – also im letzten Jahr des ersten Weltkriegs – hatte Jung in seinem Text „Über das Unbewusste" geschrieben: „Wir Germanen haben noch einen echten Barbaren in uns, der nicht mit sich spaßen lässt [...] Man möge aus diesem Krieg etwas lernen! Mit witzigen und grotesken Deutungen kommen wir unserem Unbewussten nicht bei. ...Diese ärgerliche Eigentümlichkeit des Barbaren ist auch Nietzsche aufgefallen, wohl aus eigenster Erfahrung – darum schätzte er die jüdische Mentalität, und darum predigte er das Tanzen und Fliegen und Nichternstnehmen. Er übersah dabei, dass es nicht der Barbar ist, der ernst nimmt, sondern es nimmt ihn ernst. Das böse Wesen fasst ihn. Und wen hat es ernster genommen als eben gerade Nietzsche selbst." (Jung 1918, GW 10, § 19)

Jungs Zarathustra-Seminare

Von 1934 – 39 hat Jung dann vor jeweils etwa 50 Teilnehmern im Psychologischen Club Zürich Seminare über „Also sprach Zarathustra" in englischer Sprache abgehalten, deren Mitschriften von James L. Jarrett 1988 herausgegeben wurden. Jung nennt den Zarathustra ein außerordentlich schwieriges Buch, es seien Predigten in Versform, man bezeichnete den „Zarathustra ja auch als „antichristliche Bergpredigt" (Karl Löwith). Was Jung brennend interessierte, waren „die Manifestationen des Unbewussten von visionärem Charakter", die er in dem Buch fand (vgl. Jung's Seminar on Nietzsches Zarathustra, edited and abridged by J. L. Jarrett, dt. Übers. M. Lindner, S. 3).

So glaubte er – wie bereits oben angedeutet – dass Nietzsches Unbewusstes hellsichtig die politischen Ereignisse, die das Europa des 20. Jahrhunderts erschütterten, antizipiert habe. 1937 sprach Jung im Seminar von „einer geistigen Epidemie, wie sie gegenwärtig in Deutschland zu beobachten ist. Das ist dann der Übermensch, der nicht bemerkt wird." (zit. nach S. Aschheim 1996, S. 282)

Verderblich ist also für Jung die Tatsache, dass ein Inhalt aus dem kollektiven Unbewussten – der „ Übermensch" – nicht ins Bewusstsein der Deutschen integriert wurde. Warum aber taucht der Übermensch als ein verheerender Machtkomplex im Unbewussten der Deutschen auf? Bereits 1918 hatte Jung hellsichtig geschrieben: „Das Christentum zerteilte den germanischen Barbaren in seine untere und obere Hälfte, und so gelang es ihm – nämlich durch Verdrängung der dunklen Seite – die helle Seite zu domestizieren und für die

Kultur geschickt zu machen. Die untere Hälfte aber harrt der Erlösung [...] Je mehr die unbedingte Autorität der christlichen Weltanschauung sich verliert, desto vernehmlicher wird sich die „blonde Bestie" (übrigens ein Ausdruck Nietzsches, Anm. des Verf.) in ihrem unterirdischen Gefängnis umdrehen und uns mit einem Ausbruch mit verheerenden Folgen bedrohen." (Jung 1918, GW 10, § 17)

Man kann also mit Jung sagen, im Nazideutschland erscheinen die Mächte der Finsternis, die vom Christentum lediglich unterdrückt waren. 1935 war ein Buch von Martin Ninck erschienen: „Wotan und germanischer Schicksalsglaube", entsprechend sah Jung im Wotan-Kult einen germanischen Dionysos-Kult, eine Heraufkunft des Dionysischen unter der „christlichen Tünche". Freilich bleibt es hochproblematisch, geschichtliche Abläufe derart auf archetypische Vorgänge zu reduzieren.

Jung, Nietzsche und das Christentum

Schon 1910 hatte Jung in einem Brief an Freud – Nietzsches Unterscheidung zwischen dem Apollinischen und Dionysischen aufgreifend – von den „ekstatischen Triebkräften des Christentums" (vgl (McGuire, Sauerländer 1974, S. 324) gesprochen, die es wiederzubeleben gelte, somit eine dionysische Erneuerung des Christentums gefordert.

Damit schließt Jung an Nietzsches Kritik des Christentums an, dass es sich ins rein Geistige verflüchtigt habe.

Für Nietzsche war die christliche Religion letztlich Ausdruck einer Lebensverneinung, indem sie nämlich den Willen zur Ohnmacht propagiere, während Nietzsche zutiefst der Überzeugung war, dass alles Leben zur Macht dränge. Diesen Willen zur Macht setzt er der christlichen „Sklavenmoral" entgegen.

Jung meint, Nietzsche habe die halbmythische Figur des Zarathustra aus dem Persien des achten vorchristlichen Jahrhunderts leitmotivisch gewählt, weil dieser den kosmischen Kampf zwischen den Mächten des Lichtes und der Finsternis gelehrt habe. In der Figur des Zarathustra kam Nietzsches Bewusstsein mit seinem Unbewussten in Kontakt, dadurch trat in ihm eine zweite Persönlichkeit in Erscheinung, so wie Jung es in eigener Sache in seinem Erinnerungsbuch beschrieb.

Nietzsche machte Jung zufolge eine archetypische Erfahrung in Form der Begegnung mit dem alten Weisen Zarathustra, um im Zeitalter des vorherrschenden Materialismus und Rationalismus um 1880 ein Sinndefizit zu füllen. Nietzsche schrieb den Zarathustra 1883 aus einer ekstatischen Haltung heraus in unglaublich kurzer Zeit. Die Worte seien aus ihm herausgeströmt, es sei nahezu eine autonome Produktion gewesen ganz im Sinne von Jungs Autonomiebegriff des Unbewussten.

In seinem Seminar bezeichnet Jung Nietzsches „Zarathustra"-Buch als Versuch einer Selbstanalyse. In dem ihm eigenen hochfahrenden Ton schreibt Nietzsche: „Ich habe alle Religionen herausgefordert und ein neues „heiliges Buch" gemacht!" (Schlechta 1966, Bd. 3 (Nietzsches Brief an Malwida von Meysenbug 1884)

Mit seinem Buch war Nietzsche überzeugt, an einem Wendepunkt der Geschichte zu stehen; er war in Erwartung des „tausendjährigen Reiches", in einer Endzeiterwartung wie Paulus, der den alten Adam ablegen wollte, um als neuer Mensch Christus anzuziehen. Im Falle Nietzsches sollte dieser neue Mensch „der Übermensch" sein.

1945 schreibt Jung dazu in seiner Schrift „Nach der Katastrophe": „Nietzsche hat es ja vorausgesagt, dass Gott tot sei und dass sein Erbe der Übermensch antrete, jener fatale Seiltänzer und Narr. Es ist ein unabänderliches psychologisches Gesetz, dass eine hinfällig gewordene Projektion wieder zu ihrem Ursprung zurückkehrt. Wenn also jemand auf die seltsame Idee kommt, Gott sei tot, oder sei überhaupt nicht, so kehrt das psychische Gottesbild, welches eine bestimmte dynamische und psychische Struktur darstellt, ins Subjekt zurück und erzeugt „Gottähnlichkeit", nämlich alle jene Eigenschaften, die nur närrischen Menschen zukommen und darum zur Katastrophe führen." (Jung 1974, § 437).

Zur Katastrophe führte also aus Jungs Sicht der Machtkomplex Nietzsches und seiner deutschen Nachbeter. Jung meint, dass für Nietzsche Gott lediglich eine intellektuelle Überzeugung war, von der man sich lossagen könne. Nietzsche verkenne dabei Gott als „ein psychologisches Faktum", also die numinose Erfahrung, die Erfahrung des Heiligen, anders gesagt, die Erfahrung des höheren Selbst. Sich selbst als Übermensch an die Stelle Gottes zu setzen, bedeutet nach Jung eine gewaltige Inflationierung des Bewusstseins durch einen Überwertigkeitskomplex. Die Überflutung des Bewusstseins durch die Macht der archetypischen Visionen, die nicht integriert werden konnten, erzeugt Jung zufolge Nietzsches Wahnsinn.

Wenn ich Gott nicht projizieren kann, ihn also nicht außerhalb von mir selbst ansiedeln kann, muss ich ihn in mir suchen. Der Mensch wird somit zum Schöpfer seiner selbst. Nietzsche schreibt im Zarathustra: „Der Übermensch ist der Sinn der Erde." (Nietzsche 1999, S. 14). Jung betont im Seminar das Erdhafte (Chthonische) des Körpers. Der Körper ist Mittler zwischen animalischer und Geistnatur. Nietzsche will kein Geistmensch bleiben, sondern sein Selbst „verkörperlichen", im Körper verankern.

Wir sind aus Erde gemacht. Der Übermensch symbolisiert die Individuation des Selbst. „Alle Wesen bisher schufen etwas über sich hinaus", sagt Nietzsche im Zarathustra. (vgl. Nietzsche 1999, S.14). Etwas über sich hinaus schaffen, heißt für Jung auch „sich erden." Die „Verdrängung der dunklen Seite", die Jung dem Christentum vorwirft, meint eine Entkörperlichung durch das Christentum, eine Verdrängung der erdhaften Seite des Menschen.

Aus Nietzsches Sicht propagiert das Christentum wie erwähnt den Willen zur Ohnmacht im Sinne von Demut, sich dem Willen Gottes unterwerfen, auf einen Gnadenakt warten. Jung nennt den Übermenschen einen „fatalen Seiltänzer und Narren" und beharrt auf der Notwendigkeit, das Gottesbild zu projizieren. Denn wenn ich die eigene Gottähnlichkeit behaupte, inflationiere ich mein Bewusstsein mit fatalen Folgen nach Art eines Größenwahns.

Friedrich Nietzsche, Radierung von Hans Olde (1899) in Weimar. Die Platte ist im Besitz des Nietzsche-Hauses in Sils-Maria

Anders gesagt: Ich identifiziere mich mit dem Göttlichen anstatt es zu verehren. Goethe empfiehlt in seinen „Maximen und Reflexionen" „das Unerforschliche ruhig zu verehren" (vgl. Dobel 1968, S. 951).

Die Idee vom höheren Menschen als archetypische Vorstellung – meint Jung – ist uralt und als solche nicht verwerflich, auch im östlichen Denken gibt es sie: Der höhere Mensch ist der, der ins Nirwana eingeht bzw. im chinesischen Tao lebt, im Einklang mit dem „Welttakt" (eine Formulierung Ernst Blochs).

Die Nazis freilich glaubten tatsächlich, Nietzsches „Übermenschen" im „Führer" repräsentiert zu sehen. Als Erfindung Nietzsches ist der Übermensch kein Symbol, sondern eine Kompensation seines Minderwertigkeitskomplexes, unverbunden mit seinem Unbewussten. Ein Symbol aber ist für Jung stets etwas mit dem Unbewussten Verbundenes.

Für Nietzsche war Gott (lediglich) eine intellektuelle Idee („der Gott der Philosophen", wie Pascal sagte), während für Jung Gott bzw. die Gottesvorstellung als archetypischer

Inhalt des kollektiven Unbewussten unhintergehbar und unwiderlegbar ist. „Wille zur Macht" heißt für Nietzsche mehr werden wollen, Steigerungswille, in diesem Sinne hat für ihn alles Lebendige einen Willen zur Macht. Für Nietzsche ist der Wille zur Macht Ausdruck von Kreativität! Ihn einfach als Dominanzstreben dessen anzusehen, der sich unterlegen fühlt, greift zu kurz.

Nietzsches Zarathustra aus Sicht der Analytischen Psychologie

Jung liest Nietzsches Text als einen innerpsychologischen Dialog zwischen empirischem Ich und archetypischem Selbst. Er sieht in Nietzsche einen „Schattenbruder" seiner selbst, der zwar hellsichtig war im Erspüren von Schätzen aus dem Bereich der unbewussten Psyche, diese Schätze aber nicht assimilieren und integrieren konnte. Dazu fehlte es Nietzsche an der notwendigen reflektierenden Distanz zum eigenen innerpsychischen Geschehen.

„Zarathustra will wieder Mensch werden", schreibt Nietzsche in der Vorrede seines Buches (vgl. Nietzsche 1999, S. 12). Hier wird offenkundig die Menschwerdung Christi paraphrasiert. Aber was heißt Menschwerdung? Selbstfindung, nicht aber Selbststeigerung, wie Nietzsche irrtümlich glaubt. Er lehnt hartnäckig seinen Schatten, also den Menschen „des beschwerten Leibes und der einsamen Schritte" ab, und lehrt stattdessen den „Übermenschen." Der Mensch soll so zum Schöpfer seiner selbst werden, ein für Jung ganz inakzeptables Konzept. Wir sind nämlich nie bewusst Schöpfer unserer selbst, sondern entstehen aus einem beständigen Wandlungsprozess, in welchem wir uns unser Unbewusstes anverwandeln. „Ich liebe den, dessen Seele tief ist auch in der Verwundung." (Nietzsche 1999, S. 18)

Nietzsche möchte offenbar von seiner Verwundung sprechen, er möchte ins Fühlen kommen. Er schreibt weiter: „Eine Mitte bin ich [...] zwischen einem Narren und einem Leichnam." (Nietzsche 1999, S. 23) Eine bittere Ironie dient der Abwehr der Depression, zu der Nietzsche gleichwohl Zugang sucht. „Kein Weg zeigte sich ihm mehr [...] Verwundert sah er in sich herein." (Nietzsche 1999, S. 25)

So können wir Nietzsches Zarathustra als einsamen psychoanalytischen Monolog lesen, bei dem uns die Stimme des Anderen fehlt.

Literaturverzeichnis
Aschheim, S. (1996): Nietzsche und die Deutschen. Stuttgart: J. B. Metzler
Dobel, R., Hg (1968: Lexikon der Goethe-Zitate. Zürich und Stuttgart: Artemis
McGuire, W., Sauerländer, W., Hg (1974): *Freud, S./ Jung, C. G.* Briefwechsel. Frankfurt/M: S. Fischer
Jung, C. G. (1971): Gesammelte Werke Bd. 6. Olten: Walter
Jung, C. G. (1974): Gesammelte Werke Bd. 10, Olten: Walter
Jung, C. G., Jaffé, A. (1962): Erinnerungen, Träume, Gedanken. Olten: Walter
Jung's Seminar on Nietzsche's Zarathustra (edited and abridged by Jarrett, J. L.) (1998): Princeton: Princeton University Press
Lindner, Michael (2010): ›Ein tiefstes Erlebnis‹. C. G. Jungs Lektüre von Nietzsches ›Also sprach Zarathustra‹ anhand seiner Seminare von 1934–39. In: Lesmeister, R.; Metzner, E. (Hrsg.): Nietzsche und die Tiefenpsychologie. Freiburg: Alber, S. 107-120
Nietzsche, F. (1999): Also sprach Zarathustra, Kritische Studienausgabe (Hg. von Colli,G. und Montinari, M.). München: de Gruyter
Nietzsche, F. (1966): Werke in drei Bänden, Bd. 3 (Hg. Schlechta, K.), München: Hanser

Michael Lindner
Dr. med., Arzt für Psychosomatische Medizin und Psychotherapie, als Psychoanalytiker niedergelassen in eigener Praxis in Berlin, Lehranalytiker und Dozent am C. G. Jung-Institut Berlin.

Symbole der Macht (3)
„Hände hoch oder es knallt!"

Die Geschichte der Waffen ist so alt wie die Menschheit selbst. Waffen unterschiedlichster Art (Zähne, Klauen, Stacheln, Hörner, Geweihe, Fallen, Gift usw.) gibt es schon im Pflanzen- und Tierrreich. Der Faustkeil ist das erste bekannte Werkzeug (vor 1,5 Millionen Jahren) und die erste Waffe, die sich der Mensch „serienmäßig" hergestellt hat. In ihm fand er eine dauerhafte, gut transportable und leicht handhabbare Waffe, die die Wucht des Schlages verstärken konnte.

Kaum ein Bereich hat im Verlauf der Geschichte mehr Erfindungen hervorgebracht als die Waffenherstellung. Blasrohre, Lanzen, Pfeil und Bogen, Schleudern, Katapulte, Sprengstoffe, Gewehre, Pistolen, Kanonen, Panzer, Bomben, Raketen in vielen Variationen haben die Reichweite der Macht und Gewalt beträchtlich erhöht und ermöglichen es, dem Gegner Schaden zuzufügen, ohne selbst verletzt zu werden.

Den bisherigen Höhepunkt in der Suche des Menschen nach absoluter Macht über andere Menschen und Völker bilden die Massenvernichtungswaffen (CBRN-Waffen: Chemisch, Biologisch, Radiologisch und Nuklear).

Mit diesen Waffen und dem heute bestehenden Vernichtungspotenzial lässt sich alles Leben auf dieser Erde mehrfach auslöschen. Damit ist der Mensch nun endgültig – zumindest in negativer Hinsicht – „Herr über Leben und Tod" geworden.

An einer Atomexplosion erfahren wir auch mit Erschrecken die Numinosität der Gewalt, die enge Beziehung zwischen Symbolen der Macht und des Transpersonalen. „Wer mir nahe ist, der ist dem Feuer nahe!" (Thomas-Evangelium)

Symbole der Macht (3)
„Hände hoch oder es knallt!"

Stärke, Kraft und Macht, Kampf um den ersten Rang, den besten Platz und den besten Paarungspartner ist im Menschen- und Tierreich verbreiteter Trieb bzw. Motivation. Von den Tieren unterscheidet sich der „Homo erectus" durch die Nutzung von Feuer und von materiellen und geistigen Werkzeugen.

Um das Wesen dieses Menschen zu beschreiben, wurde er seit dem 18. Jh. als „Homo sapiens", d. h. zur Einsicht fähiger Mensch benannt. Im 20. Jh. wird er auch als „Homo faber" erkannt, d. h. als der tätige Mensch, der gestalterische und schöpferische Mensch, der durch seine Fähigkeit, Werkzeuge und technische Hilfsmittel herzustellen, die Welt beherrscht, aber auch kultiviert. Der „Homo faber" ist einer, der nicht nur aktiv ist, um zu leben (wie die Tiere, die ihre Nahrung suchen), sondern einer, der sich „die Erde untertan" macht (vgl. 1. Buch Mose) mit Hilfe seiner praktischen Intelligenz, seines handwerklichen Geschicks und seiner Fähigkeit zur Nutzung der Technik (griech. techné, d. h. Handwerk, Kunst, Kunstwerk, Wissenschaft) im Frieden und im Krieg.

Kultur und Technik finden mit der Weiterentwicklung von Werkzeugen zu Maschinen ihren Anfang. Maschinen ermöglichen in höherem Maße Erleichterungen bei Arbeiten an Gütern des täglichen Bedarfs. Sie vereinfachen das Herstellen von Jagd- und Kriegswaffen, das Produzieren von Nahrungsmitteln und ermöglichen den Transport von Gütern und Menschen über weite Strecken. Maschinen bringen insgesamt deutlich nachhaltigere Einwirkungsmöglichkeiten als die einfachen Hand-Werkzeuge des Frühmenschen.

Die jeweils modernsten und wirkungsmächtigsten Werkzeuge, Waffen und Maschinen zu haben, ist wichtiges Status- bzw. Machtsymbol des „Homo faber". Das Streben danach durchzieht sein Leben in der ihm eigenen polar-paradoxen, hellen und dunklen Ganzheit, ermöglicht Entwicklung und Erkenntnis, aber auch Unterdrückung und Gewalt. Beispiel Schwert: Es verbindet die Fähigkeiten älterer Waffen wie Stab und Lanze, Keule und Hammer in sich und kann schneiden, teilen, trennen. Damit ist es ein Symbol für Erkenntnis, Weisheit und Gerechtigkeit. Ähnlich dem Zepter ist es eines der drei Machtsymbole (zusammen mit Krone und Reichsapfel) von Königen und Kaisern. Das Schwert symbolisiert somit höchste kämpferische und geistige Macht zugleich.

Am deutlichsten bewusst wird uns die janusköpfige Entwicklung der Macht-Werkzeuge zu Maschinen und Waffen in der Entwicklung der Schusswaffen, der Gewehre, Kanonen und Bomben.

Die Atombombe ist zum Inbegriff der Macht und des Fluches der Technik geworden. Ihre Erfindung löste ein beispielloses Wettrüsten auf der Erde aus. Die dahinter stehende politisch-militärische Auffassung der Machthaber im „Kalten Krieg" war, dass ein „Gleichgewicht des Schreckens" durch eine „wechselseitig zugesicherte Zerstörung" und die Aufrechterhaltung einer „Overkill-Kapazität", am ehesten den Frieden auf der Welt sichern könnte. So problematisch uns diese paradoxe Auffassung erscheinen mag: Wir können nicht sicher sein, dass sie falsch ist.

Nicht zuletzt kann die Explosion einer Atombombe „Faszinosum und Tremendum", „heiliges Erschauern" auslösen. Wir begegnen in ihr den gewaltigen, nun entfesselten Ur-Energien, die die Welt im „Innersten zusammenhalten". Wir erleben an ihr zugleich den Größenwahn des „Homo faber" wie auch die Macht des menschlichen Geistes.

(Quelle: www.symbolonline.de)

Der andere Gesichtspunkt: Der Wille zur Macht

C. G. Jung

Mit Anmerkungen von Anette Müller

Einleitende Anmerkungen

1912 erschien Jungs Aufsatz „Neue Bahnen der Psychologie", eine erste Fassung der Arbeit, die 1971 unter dem neuen Titel „Über die Psychologie des Unbewussten" in GW 7 veröffentlich wurde. 1912 erschienen auch die heute sogenannten „Symbole der Wandlung" von C. G. Jung (GW 5) sowie Alfred Adlers „Über den nervösen Charakter".

1911/1912 brachen Freud und die bis dahin einzige, mächtige Wiener psychoanalytische Gemeinschaft zunächst mit Adler, dann mit Jung. Die 1912 entstandenen Schriften Adlers und Jungs sind die ersten ausführlichen Statements der „Abtrünnigen", in denen sie beide ihre innerhalb der Psychoanalyse „unerwünschten" Auffassungen ausarbeiteten.

1916 ging Jung unter dem Eindruck des 1. Weltkrieges einerseits und der Arbeit Alfred Adlers sowie seiner eigenen Entwicklung andererseits, daran, die „Neuen Bahnen" zu revidieren, indem er die ersten Kapitel kürzte und die Hauptthese Adlers sowie seine eigenen Erkenntnisse der letzten Jahre hinzufügte.

Jung stand ganz unter dem Eindruck der Macht des Unbewussten und der Kollektivpsyche, die sich ihm im 1. Weltkrieg offenbarten, als er im Vorwort 1916 schrieb:

Die psychologischen Vorgänge, welche den gegenwärtigen Krieg begleiten – vor allem die unglaubliche Verwilderung des allgemeinen Urteils, die gegenseitigen Verleumdungen, die ungeahnte Zerstörungswut, die unerhörte Lügenflut und die Unfähigkeit der Menschen, dem blutigen Dämon Einhalt zu tun –, sind wie nichts geeignet, das

Problem des unter der geordneten Bewusstseinswelt unruhig schlummernden chaotischen Unbewussten dem denkenden Menschen aufdringlich vor Augen zu rücken. Dieser Krieg hat es dem Kulturmenschen unerbittlich gezeigt, dass er noch ein Barbar ist.

(C. G. Jung, GW 7, S. 4)

Was zu wissen vor allem not täte

Individuation, die Stärkung der Kraft des Einzelnen gegen die Macht der Kollektivpsyche, erschien Jung als einzig möglicher Weg, um aus dem ohnmächtigen Erleben des Krieges und seiner zerstörerischen Gewalt herauszufinden. Individuation verstand er damals (wie auch nach dem zweiten Weltkrieg) vordringlich als die Auseinandersetzung mit dem Schatten. 1918, als die Schrift von 1916 eine Neuauflage erfuhr, schrieb er im Vorwort:

... Jedem Einzelnen tut Umsturz, innere Entzweiung, Auflösung des Bestehenden und Erneuerung not, nicht aber, dass er sie seinen Mitmenschen aufzwinge unter dem heuchlerischen Deckmantel christlicher Nächstenliebe oder sozialen Verantwortlichkeitsgefühls – und was es sonst noch an schönen Worten für unbewusste persönliche Machtbedürfnisse gibt. Selbstbesinnung des Einzelnen, Rückkehr des Einzelnen zum Grunde des menschlichen Wesens, zu seinem eigenen Wesen und dessen individueller und sozialer Bestimmtheit ist der Anfang zur Heilung der Blindheit, welche die gegenwärtige Stunde regiert.

(C. G. Jung, GW 7, S. 5)

Eros und Macht – die großen Dämonen

Das 1916 neu eingefügte dritte Kapitel „Der andere Gesichtspunkt: Der Wille zur Macht" leitete Jung so ein:

Bis jetzt betrachteten wir das Problem dieser neuen Psychologie im wesentlichen vom Standpunkt Freuds aus. Zweifellos sahen wir damit etwas, [...], zu dem vielleicht unser Stolz, unser Kulturbewusstsein Nein sagt; aber etwas in uns sagt Ja. Für viele Menschen liegt darin etwas Irritierendes und zum Widerspruch Reizendes, [...] etwas Angsterregendes; und deshalb will man es nicht anerkennen. Es hat eben etwas Furchtbares an sich, dass der Mensch auch eine Schattenseite hat, welche nicht nur etwa aus kleinen Schwächen und Schönheitsfehlern besteht, sondern aus einer geradezu dämonischen Dynamik.

Der einzelne Mensch weiß selten davon; denn ihm, als Einzelmenschen, kommt es unglaubwürdig vor, dass er irgendwo oder irgendwie über sich selber hinausragen sollte. Lassen wir diese harmlosen Wesen aber Masse bilden, so entsteht daraus gegebenenfalls ein delirierendes Ungeheuer, und jeder Einzelne ist nur noch kleinste Zelle im Leibe des Monstrums, wo er wohl oder übel schon gar nicht mehr anders kann, als den Blutrausch der Bestie mitzumachen [...]

Aus dumpfer Ahnung von diesen Möglichkeiten der menschlichen Schattenseite verweigert man dieser die Anerkennung. [...]

(Jung, GW 7, § 35)

Im Weiteren argumentierte Jung, dass im Unbewussten gleichwertig zum von Freud beschriebenen Trieb der Sexualität und der Arterhaltung auch der „Trieb der Selbsterhaltung, des Willens zur Macht" als ein eigenständiger Trieb anzunehmen sei. In Bezug auf Nietzsche meint er:

Ist das, was der Zusammenstoß mit dem Schatten ihm offenbart hat, nämlich der Wille zur Macht, als etwas Uneigentliches, als ein Verdrängungssymptom zu verstehen? Ist der Machtwille genuin oder bloß etwas Sekundäres? Hätte der Konflikt mit dem Schatten eine Flut von Sexualfantasien

entfesselt, so läge der Fall ja klar; aber es kam anders. Des Pudels Kern war nicht der Eros, sondern die Macht des Ich. Daraus müsste man schließen, dass das Verdrängte nicht der Eros, sondern der Machtwille war.

Es besteht nun, meines Dafürhaltens, keinerlei Grund zur Annahme, dass der Eros genuin sei, der Machtwille aber nicht. Sicherlich ist der Machtwille ein ebenso großer Dämon wie der Eros und ebenso alt und ursprünglich wie dieser.

(C. G. Jung, GW 7, § 42)
)

Im nachfolgenden Teil des dritten Kapitels arbeitet Jung am Beispiel des Traums einer an Angstanfällen leidenden Frau die Unterschiede der Psychologie Freuds und Adlers heraus. Diese jetzt folgende Passage ist ein Beispiel dafür, wie wichtig es Jung war, zu einem integrativen Verständnis der Psyche und deren Behandlung zu finden.

Textauszug

(Mit freundlicher Genehmigung aus: C. G. Jung, GW Band 7: Zwei Schriften über Analytische Psychologie, § 44-55 © Patmos Verlag der Schwabenverlag AG, 3. Auflage 2011. www.verlagsgruppe-patmos.de)

Das Schicksal wollte es, dass gerade einer der ersten Schüler FREUDs, ALFRED ADLER (1912, Über den nervösen Charakter), eine Ansicht vom Wesen der Neurose begründete, welche ausschließlich auf das Machtprinzip aufgebaut ist. Es ist von nicht geringem Interesse und sogar von einem besonderen Reiz, zu sehen, wie so ganz verschieden dieselben Dinge in der gegensätzlichen Beleuchtung aussehen. Um den Hauptgegensatz vorwegzunehmen, möchte ich gleich erwähnen, dass bei FREUD alles streng kausale Abfolge aus vorangegangenen Tatbestanden ist, bei ADLER hingegen alles final bedingtes Arrangement. Nehmen wir ein einfaches Beispiel. Eine junge Frau fängt an, Angstanfälle zu bekommen. Nachts wacht sie aus irgendeinem Alptraum mit einem markerschütternden Schrei auf, kann sich darauf kaum beruhigen, klammert sich an ihren Mann, beschwört ihn, sie nicht zu verlassen, will immer wieder von ihm hören, dass er sie gewiss liebe usw. Allmählich entwickelt sich daraus ein nervöses Asthma, das auch anfallsweise untertags auftritt.

Die FREUDsche Observanz gräbt sich in diesem Fall sofort in die innere Kausalität des Krankheitsbildes ein. Was enthielten die ersten Angstträume? Wilde Stiere, Löwen, Tiger, böse Männer fielen sie an. Was fällt der Patientin dazu ein? Folgende Geschichte, die ihr einmal passierte, als sie noch ledig war: Sie war an einem Kurort in den Bergen. Dort wurde viel Tennis gespielt, und es wurden die üblichen Bekanntschaften gemacht. Ein junger Italiener war da, der besonders gut spielte, und der abends auch die Gitarre zu handhaben verstand. Es entwickelte sich ein harmloser Flirt, der einmal zu einem Mondscheinspaziergang führte. Bei dieser Gelegenheit brach „unerwarteterweise" das italienische Temperament los, zum großen Schrecken der Ahnungslosen. Dabei „sah er sie so an" mit einem Blick, den sie nie vergessen konnte.

Dieser Blick verfolgt sie immer noch bis in die Träume; sogar die wilden Tiere, die sie verfolgen, blicken so. Stammt dieser Blick tatsächlich nur vom Italiener? Darüber belehrt uns eine andere Reminiszenz. Die Patientin hatte ihren Vater durch einen Unglücksfall verloren, als sie etwa 14 Jahre alt war. Der Vater war ein Mann von Welt und viel auf Reisen. Nicht lange vor seinem Tode nahm er sie einmal mit nach Paris, wo sie u. a. auch die „Folies Bergeres" besuchten. Dort geschah etwas, das ihr damals einen nicht zu bewältigenden Eindruck machte: beim Verlassen des Theaters drängte sich plötzlich ein geschminktes Frauenzimmer in unglaublich frecher Weise an ihren Vater heran. Sie schaute erschreckt auf den Vater, was er wohl tun würde – und da sah sie eben den Blick, dieses tierische Feuer, in seinem Auge. Dieses unerklärliche Etwas verfolgte sie damals Tag und Nacht.

Das Verhältnis zu ihrem Vater war von diesem Augenblick an verändert. Bald war sie irritiert und voll giftiger Launen, bald liebte sie ihn überschwenglich; dann kamen plötzlich Weinkrämpfe ohne Grund, und eine Zeitlang plagte sie, jeweils wenn der Vater zu Hause war, ein

abscheuliches Verschlucken bei Tisch mit anscheinenden Erstickungsanfällen, die meist von ein- bis zweitägiger Stimmlosigkeit gefolgt waren. Als die Kunde vom plötzlichen Tode des Vaters eintraf, befiel sie ein fassungsloser Schmerz, der zu hysterischen Lachkrämpfen führte. Dann trat aber bald Beruhigung ein, ihr Zustand besserte sich rasch, und die neurotischen Symptome verloren sich so gut wie ganz. Ein Schleier von Erinnerungslosigkeit legte sich über die Vergangenheit. Nur das Erlebnis mit dem Italiener rührte etwas in ihr auf, vor dem sie Furcht empfand. Sie trennte sich damals brüsk von dem jungen Manne. Einige Jahre später heiratete sie. Erst nach dem zweiten Kinde begann die jetzige Neurose, nämlich in dem Moment, wo sie die Entdeckung machte, dass ihr Gatte ein gewisses zärtliches Interesse für eine andere Frau hatte.

An dieser Geschichte ist vieles fragwürdig: wo ist zum Beispiel die Mutter? Von der Mutter ist zu sagen, dass sie sehr nervös war und alle möglichen Sanatorien und Heilsysteme durchprobierte. Sie litt ebenfalls an nervösem Asthma und an Angstsymptomen. Die Ehe war sehr distant, solange sich die Patientin erinnern kann. Die Mutter verstand den Vater nicht recht. Die Patientin hatte immer das Gefühl, dass sie ihn viel besser verstehe. Sie war auch der erklärte Liebling des Vaters und entsprechend innerlich kühl der Mutter gegenüber.

Diese Andeutungen dürften genügen, um den Verlauf der Krankheitsgeschichte zu überblicken. Hinter den gegenwärtigen Symptomen stecken Phantasien, die zunächst an das Erlebnis mit dem Italiener anschließen, im weiteren aber klar auf den Vater zurückweisen, dessen unglückliche Ehe einen frühen Anlass für das Töchterchen bot, eine Stellung zu erobern, die eigentlich von der Mutter hätte ausgefüllt sein sollen. Hinter dieser Eroberung steht natürlich die Phantasie, die eigentlich zum Vater passende Frau zu sein.

Der erste Anfall der Neurose bricht aus in dem Moment, wo diese Phantasie einen schweren Stoß erhält, vermutlich denselben, den auch die Mutter erhalten hatte (was jedoch dem Kinde unbekannt war). Die

Symptome sind leicht verständlich als Ausdruck enttäuschter und verschmähter Liebe. Das Verschlucken beruht auf jenem Gefühl von Zusammenschnüren im Halse, das eine bekannte Begleiterscheinung heftiger Affekte ist, die man nicht ganz «herunterschlucken» kann. (Die Metaphern der Sprache beziehen sich, wie bekannt, häufig auf derlei physiologische Vorkommnisse.)

Als der Vater starb, geschah es, dass ihr Bewusstsein zwar zu Tode betrübt war, ihr Schatten aber lachte, ganz nach der Art des Till Eulenspiegel, der betrübt war, wenn es bergab ging, aber guter Dinge, wenn's mühselig bergauf ging, immer in Voraussicht des Kommenden. War der Vater zu Hause, so war sie betrübt und krank; war er weg, so fühlte sie sich jeweils viel besser, wie alle die zahlreichen Gatten und Gattinnen, die sich gegenseitig noch jenes süße Geheimnis vorenthalten, dass sie einander nicht unter allen Umständen und ganz absolut unentbehrlich seien.

Dass das Unbewusste damals mit einem gewissen Recht lachte, erwies sich in der darauf folgenden Periode völliger Gesundheit. Es glückte ihr, alles Frühere in der Versenkung verschwinden zu lassen. Erst das Erlebnis mit dem Italiener drohte, die Unterwelt wieder heraufzuführen. Aber mit raschem Griff schlug sie die Türe zu und blieb gesund, bis der Drache der Neurose dann doch gekrochen kam, als sie sich schon gänzlich über dem Berge wähnte in dem sozusagen vollendeten Zustande von Gattin und Mutter.

Die Sexualpsychologie sagt: die Ursache der Neurose liegt darin, dass die Kranke im letzten Grunde doch noch nicht vom Vater losgekommen ist; und darum taucht auch jenes Erlebnis wieder auf, als sie im Italiener das geheimnisvolle Etwas entdeckt, das ihr schon beim Vater den überwältigenden Eindruck gemacht hatte. Diese Erinnerungen wurden natürlicherweise wieder belebt durch die analoge Erfahrung am Manne, welche die auslösende Ursache der Neurose war. Man könnte daher sagen, der Inhalt und Grund der Neurose sei der Konflikt zwischen der phantastischen infantil-erotischen Beziehung zum Vater und der Liebe zum Gatten.

Wenn wir nun aber dasselbe Krankheitsbild vom Standpunkt des „anderen" Triebes aus, nämlich dem des Machtwillens, betrachten, so sieht die Sache ganz anders aus: die missliche Ehe ihrer Eltern war eine vortreffliche Gelegenheit für den kindlichen Machtinstinkt. Der Machttrieb will nämlich, dass das Ich unter allen Umständen „obenauf" sei, auf geradem oder krummem Wege. Die „Integrität der Persönlichkeit" muss auf alle Fälle gewahrt sein. Jeder auch nur anscheinende Versuch der Umgebung, eine auch noch so leise Unterwerfung des Subjektes herbeizuführen, wird mit „männlichem Protest" beantwortet, wie sich ADLER ausdrückt.

Die Enttäuschung der Mutter und ihr Rückzug in die Neurose schaffte darum eine höchst erwünschte Gelegenheit zur Machtentfaltung und zum Obenaufkommen. Die Liebe und die Trefflichkeit des Benehmens sind vom Standpunkt des Machttriebes aus bekanntlich ausgezeichnete Mittel zum Zwecke. Die Tugendhaftigkeit dient nicht selten dazu, die Anerkennung von den Anderen zu erzwingen. Sie wusste schon als Kind durch ein besonders gefälliges, liebenswürdiges Benehmen sich beim Vater einen Vorteil zu sichern und zunächst einmal über die Mutter emporzusteigen – nicht etwa aus Liebe zum Vater; die Liebe war nur ein gutes Mittel zum Obenaufkommen.

Der Lachkrampf beim Tode des Vaters ist dafür ein sprechender Beweis. Man ist geneigt, eine derartige Erklärung für eine abscheuliche Entwertung der Liebe, wenn nicht gar für eine böswillige Insinuation zu halten – allein man besinne sich einen Moment und schaue einmal die Welt an, wie sie ist. Hat man noch nie jene Unzähligen gesehen, die so lange lieben und an ihre Liebe glauben – bis nämlich ihr Zweck erreicht ist, und die sich dann wegwenden, wie wenn sie nie geliebt hätten?

Und schließlich: macht es nicht gerade die Natur selber auch so? Ist eine „zwecklose" Liebe überhaupt möglich? Wenn ja, so gehört sie zu den höchsten Tugenden, die ausgemachtermaßen recht selten sind. Vielleicht hat man im allgemeinen auch eine Neigung, möglichst wenig über den Zweck der Liebe nachzudenken; man könnte sonst Entdeckungen machen, welche den Wert der eigenen Liebe in einem weniger günstigen Lichte erscheinen ließen.

Die Patientin hatte also einen Lachkrampf beim Tode des Vaters – sie war endgültig obenauf gekommen. Es war ein hysterischer Lachkrampf, also ein psychogenes Symptom, etwas, das aus unbewussten Motiven hervorgegangen ist und nicht aus denen des bewussten Ich. Das ist ein nicht zu unterschätzender Unterschied, der zugleich erkennen läßt, woher und wieso gewisse menschliche Tugenden entstehen. Ihr Gegenstück fuhr nämlich zur Hölle, das heißt, modern ausgedrückt, ins Unbewusste, wo sich seit langem die Gegenstücke unserer bewussten Tugenden ansammeln. Daher will man schon aus Tugendhaftigkeit nichts vom Unbewussten wissen; ja, es ist sogar ein Gipfel der Tugendklugheit, zu behaupten, es gebe kein Unbewusstes.

Aber leider geht es uns allen so wie dem Bruder Medardus in E. T. A. HOFFMANNs Elixieren des Teufels: Es existiert irgendwo ein unheimlicher, schrecklicher Bruder, d. h. unser eigenes, leibhaftes, durch das Blut an uns gebundenes Gegenstück, das alles enthält und boshaft aufspeichert, was wir allzu gerne unter dem Tisch verschwinden ließen.

Der erste Ausbruch der Neurose bei unserer Patientin erfolgte in dem Moment, wo sie der Tatsache inne wurde, dass es etwas gab in ihrem Vater, das sie nicht beherrschte. Und da ging ihr das große Licht auf, wozu die Neurose der Mutter gut war: nämlich wenn man an etwas stößt, das man mit keinen andern vernünftigen und charmanten Mitteln bewältigen kann, dann gibt es noch ein ihr bisher unbekanntes Arrangement, das die Mutter ihr voraus entdeckt hatte: die Neurose. Daher geschieht es nunmehr, dass sie die Neurose der Mutter nachahmt. Doch, wird man erstaunt fragen, wozu soll denn die Neurose gut sein? Was soll sie bewirken?

Wer selber einen ausgesprochenen Fall von Neurose in der näheren Umgebung hat, der weiß, was mit einer Neurose alles „bewirkt" werden kann. Es gibt überhaupt kein besseres Mittel, um ein ganzes Haus zu tyrannisieren, als eine Neurose. Namentlich Herzzustände, Erstickungsanfälle, Krämpfe aller Art erzielen eine enorme Wirkung, die kaum überboten werden kann. Ströme des Mitleids werden entfesselt, sublime Angst treubesorgter Eltern, ein Hin-und Herrennen der Dienstboten, Telefongeklingel, herbeieilende Ärzte, schwierige Diagnosen, eingehende Untersuchungen, langwierige Behandlungen, bedeutende Ausgaben, und mitten drin in all dem Lärm liegt der unschuldig Leidende, dem man sogar noch überströmend dankbar ist, wenn er die „Krämpfe" überstanden hat.

Dieses unübertreffliche „Arrangement»" (um den ADLERschen Ausdruck zu gebrauchen) entdeckte die Kleine und wendete es jeweils mit Erfolg an, wenn der Vater da war. Es wurde überflüssig, als der Vater starb; denn jetzt war man endgültig obenauf. Der Italiener flog rasch über Bord, als er ihre Weiblichkeit zu sehr betonte durch zeitgemäße Erinnerung seiner Männlichkeit. Als aber eine passende Heiratsmöglichkeit sich auftat, da liebte sie und fand sich ohne Murren in das Schicksal der Frau und Mutter. Solange die bewunderte Superiorität vorhielt, ging auch alles glänzend. Als aber der Mann einmal ein kleines Interesse auswärts hatte, da mußte sie wieder, wie früher, zu dem überaus wirksamen «Arrangement» greifen, also zur indirekten Gewaltanwendung; denn sie war wieder auf jenes Stück gestoßen — diesmal in ihrem Gatten –, das schon im Vater sich ihrer Beherrschung entzogen hatte.

So sieht die Sache aus vom Standpunkt der Machtpsychologie. Ich fürchte, es geht dem Leser so wie jenem Kadi, vor dem zuerst der Anwalt der einen Partei sprach. Als er geendet hatte, sagte der Kadi: „Du hast wohlgesprochen; ich sehe: du hast recht." Dann sprach der Anwalt der andern Partei, und als er geendet hatte, da kratzte sich der Kadi hinterm Ohr und sagte: „Du hast wohlgesprochen; ich sehe: auch du hast recht." – Es ist unzweifelhaft, dass der Machttrieb eine ganz außerordentliche Rolle spielt. Es ist wahr, dass die neurotischen Symptomkomplexe auch raffinierte „Arrangements" sind, die mit unglaublicher Hartnäckigkeit und mit einer Schlauheit sondergleichen unerbittlich ihre Ziele verfolgen. Die Neurose ist final orientiert. Mit diesem Nachweis hat sich ADLER ein beträchtliches Verdienst erworben.

Welcher von beiden Standpunkten hat nun recht? Das ist eine Frage, die einem Kopfzerbrechen verursachen könnte. Man kann die beiden Erklärungen nicht einfach aufeinanderlegen; denn sie widersprechen sich absolut. Im einen Fall ist der Eros und dessen Schicksal die oberste und ausschlaggebende Tatsache, im anderen Fall die Macht des Ich. Im ersteren Fall hängt das Ich bloß als eine Art Anhängsel am Eros; im letzteren Fall ist die Liebe jeweils bloß ein Mittel zum Zweck des Obenaufkommens. Wem die Macht des Ich am Herzen liegt, der revoltiert gegen die erstere Auffassung; wem aber der Eros wichtig ist, wird sich mit der letzteren Auffassung nie aussöhnen können." **(Ende des Textauszugs)**

Abschließende Anmerkungen

Im nachfolgende Kapitel „Das Problem des Einstellungstypus" beantwortet Jung seine gerade aufgeworfene Frage „Welcher von beiden Standpunkten hat nun recht?" Die vermeintliche Unvereinbarkeit der beiden Theorien würden einen übergeordneten Standpunkt erfordern, in dem sie zu einer Einheit zusammenkommen könnten. Die beschriebene Neurose könne zwei gegensätzliche Aspekte haben, wovon der eine durch die freudsche, der andere durch die adlersche Theorie erfasst würde. Die beiden Forscher sähen jeweils die eine Seite, die ihrer Eigenart entspräche.

Jung erläutert seine Typologie weiter, mit dem Ergebnis, dass jede Theorie als relativ anzusehen sei, da sie immer Äußerung eines gewissen psychologischen Typus sei. In den nächsten Kapiteln führt er aus, sowohl Freuds wie Adlers Verständnis des Unbewussten sei reduktiv und an der Objektstufe orientiert. Dem fügt er sein Verständnis des persönlichen und des überpersönlichen, d. h. des kollektiven

Unbewussten sowie der daraus resultierenden Traumarbeit hinzu. (vgl. dazu auch in GW 8 „Die transzendente Funktion" (1916).

Über die Psychologie und die Macht des Unbewussten

1942 überarbeitete Jung „Über die Psychologie des Unbewussten" noch einmal grundlegend auf der Basis seiner therapeutischen Erfahrungen und Einsichten von fast 50 Jahren (vgl. Textauszug ab S. 38). Spürbar ist in dieser letzten Überarbeitung eine gewisse Relativierung des Umgangs mit den Bildern und Energien des Unbewussten. Die Macht der Archetypen in ihrer Ambivalenz, die Bedeutung der Individuation und nicht zuletzt das Vertrauen in die Selbstregulation der Psyche sind am Ende für ihn entscheidend:

Wenn es gelingt, jene Funktion herzustellen, die ich als transzendente bezeichne, so ist das Uneinssein aufgehoben, und man kann sich dann der günstigen Seite des Unbewussten erfreuen. Dann gibt nämlich das Unbewusste alle jene Förderung und Hilfe, welche eine gütige Natur in überquellender Fülle dem Menschen vermitteln kann. Es hat ja Möglichkeiten, die dem Bewusstsein verschlossen sind; [...]
Das Unbewusste ist beständig tätig und schafft Kombinationen seiner Materialien, die der Bestimmung der Zukunft dienen. Es produziert subliminale, prospektive Kombinationen, so gut wie unser Bewusstsein; nur sind sie den bewussten Kombinationen an Feinheit und Reichweite bedeutend überlegen. Das Unbewusste kann daher ein Führer sondergleichen für den Menschen sein, wenn dieser der Verführung standzuhalten vermag.

(C. G. Jung, GW 7, § 196/197)

Symbole der Macht (4)
„Spieglein, Spieglein ..."

Neben Höhe, Größe, Ausdehnung und Stärke sind Reichtum, Schönheit und Luxus weitere Faszinosa und Machtzeichen. Auch hier sind wir Menschen nicht weit von der Natur, den Pflanzen und Tieren entfernt. Der Pfau mit seinem beeindruckenden Radfächer aus den vieläugigen Schwanzfedern, der Fressfeinde abschrecken und potenz-

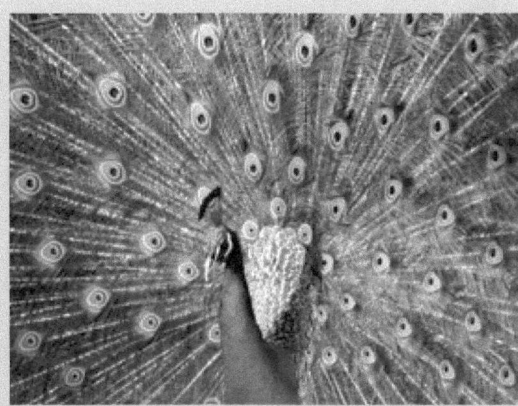

ielle Paarungspartnerinnen beeindrucken soll, ist ein bekanntes Symbol der Schönheit, des Reichtums, der Liebe und Leidenschaft, steht aber auch für Arroganz, Eitelkeit und Stolz. Obwohl der lange Schweif in vielerlei Hinsicht ein Handicap ist, ist er für die Weibchen doch ein unwiderstehliches Gütekriterium.

Alle Kulturen verehrten ihre Liebes- und Schönheitsgestalten. Denken wir an Aphrodite/Venus, die griechische Helena, Kleopatra oder die drei Grazien (Freude, Charme und Schönheit). Wer eine oder mehrere solcher Partnerinnen besitzt und sie mit entsprechendem Luxus zu „verwöhnen" in der Lage ist, scheint besonders leistungsfähig, mächtig und potent zu sein.

Im letzten Jahrhundert hat sich der Archetyp des Eros ganz besonders mit Filmschauspielerinnen wie Greta Garbo oder Marilyn Monroe verbunden. Bereits zu Lebzeiten waren sie Kultfiguren und Legenden. Sie waren Anima-Sehnsuchtsbild vieler Männer und Wunschgestalt vermutlich auch ebenso vieler Frauen. Wie schwer es ist, die Rolle eines Mythos oder Archetyps zu spielen und dabei das Persönliche und die individuelle Sinnfindung nicht zu verlieren, zeigt das tragische Ende der Marilyn Monroe.

Symbole der Macht (4)
„Spieglein, Spieglein ..."

Das Leben ist in alle nur denkbaren Nischen und möglichen Räume eingewandert und hat sich dort verschwenderisch ausgebreitet, die fantastischsten Farben, Formen, Gerüche und Geschmäcker hervorgebracht. Die unglaubliche Vielfalt, Kreativität und Fruchtbarkeit des Lebens ist in gewissem Sinne ein sehr aufwändiger Luxus, eigentlich eine, unter energetischem Gesichtspunkt betrachtet, unnötige Energieverschwendung. Und doch ist sie geschehen.

Zwar gibt es auch die Schönheit des Einfachen, Bescheidenen und Reinen (vgl. Veilchen, S. 3), aber Schönheit verbindet sich oft mit Überfluss und Luxus. Wer so viel Schönes besitzt, dass er es verschwenderisch zum Ausdruck bringen kann, ist mächtig.

Was von uns als schön empfunden wird, ist bekanntlich zeit- und kulturspezifisch. Es scheint aber auch allgemeingültige Aspekte zu geben. Als schön empfinden wir meist, was auf Gesundheit, Vitalität, Potenz und Fruchtbarkeit schließen lässt: Symmetrie und Harmonie des Gesichtes und der Gestalt, ein bestimmtes Verhältnis von Becken und Taille, Frische und Jugendlichkeit, kraftvolle, geschmeidige Bewegungen, gut durchblutete reine Haut, klare große Augen, gesunde, ebenmäßige Zähne, glänzendes Haar, bestimmte Düfte, harmonische Farben, Formen und Töne, Lächeln und Freundlichkeit, Helles, Glänzendes und Strahlendes. Diese Attribute können dadurch, dass man sich mit entsprechend glänzendem Geschmeide, kostbaren Gewändern und Düften umgibt, nachgeahmt und auf andere Objekte, z. B. in der Raumgestaltung, übertragen werden und sich gegenseitig steigern.

Schönheit ruft in uns Freude und glückliche Stimmungen hervor und hat eine „magische", verführerische Kraft, die uns in ihren Bann zu ziehen vermag. Es ist wohl schwer zu entscheiden, was mächtiger ist: die Kraft des Phallischen (siehe Symbole der Macht 3) oder der „Zauber der Venus". Beide Machtmittel sind offenbar stark aufeinander bezogen, wie die Weltgeschichte eindrücklich zeigt. Bereits eine der frühesten Kriegsgeschichten thematisiert dies: die schöne Helena und der Kampf um Troja. Und dieses Thema wird in der Literatur, in Oper, Theater und Film immer wieder neu gestaltet.

Heute sind es vor allem die Film„göttinnen", die die Rolle des Eros-Archetyps spielen. „Miss Monroe sieht mal wieder so aus, als würde sie im Dunkeln leuchten, und ihre Darstellung der Blondine mit dem Unschuldsgesicht, deren Augen sich bei Diamanten weit öffnen und beim Küssen schließen, bringt einen ... ganz schön zum Schwitzen." (Kommentar zu einem der Filme von Marilyn Monroe). Künstler wie Salvador Dalí und Andy Warhol malten Marilyn Monroe, Musiker schrieben Songs über sie. So wurde Marilyn Monroe nicht nur zu einer Anima-Sehnsuchts-Gestalt vieler Männer, sondern auch zu einem Statussymbol der Erfolgreichen und Berühmten. Sie hatte Beziehungen zu dem Baseball-Star Joe DiMaggio, dem Dramatiker Arthur Miller und dem amerikanischen Präsidenten John F. Kennedy sowie seinem Bruder, dem Justizminister Robert.

Luxus und Schönheit verführen dazu, den Schwerpunkt des Lebens auf äußere Macht- und Prachtentfaltung zu legen und können dazu dienen, Einsamkeit, innere Leere, Unsicherheit und Sinnlosigkeit, einen leidvollen psychischen Mangelzustand zu verbergen. Auch diese Schattenseiten hat Marilyn Monroe erleben müssen, wie wir nach ihrem tragischen Tod erfuhren, der auch durch eine langjährige Analyse bei einem der bekanntesten Psychoanalytiker, der ihrem Zauber offenbar auch verfallen war, nicht aufgehalten werden konnte.

(Quelle: symbolonline.de)

Minderwertigkeitsgefühl und Macht

Zur Machttheorie Alfred Adlers

Almuth Bruder-Bezzel und Klaus-Jürgen Bruder

Grafik: Gerd Altmann (www.pixelio.de)

Alfred Adler hat ein Streben nach Macht oder die Überwindung von Ohnmacht in ihren verschiedenen Formen ins Zentrum seiner sozialpsychologisch orientierten psychoanalytischen Theorie gestellt. Vor diesem Hintergrund sollen Merkmale und Mechanismen der Macht vorgestellt und als notwendiger Beitrag zur modernen Psychoanalyse diskutiert werden.

Es ist, zumindest unter einigermaßen zivilisierten Bedingungen, kaum ein Mensch denkbar, der gänzlich ohne Macht ist, Macht in beruflichen, sozialen, privaten Beziehungen. Es gibt allerdings beträchtliche Unterschiede, wie weit die Macht reicht, wie groß ihr Einfluss und ihre Wirkungsmöglichkeit ist, es gibt die große und die kleine Macht, große und kleine Fürsten und Despoten. Diese Unterschiede sollte man nicht negieren oder gering schätzen. Die Macht eines Babys über die Mutter oder die Macht des Hausmeisters sind nicht mit der Macht großer Politiker oder Wirtschaftsmächten oder der strukturellen Macht gesellschaftlicher Bedingungen insgesamt vergleichbar.

Die Psychoanalyse tut sich schwer mit der Macht. Obgleich die Wirkungen der Macht in unserem Alltag allgegenwärtig sind – wie die Luft, die wir atmen, – und obwohl deshalb die seelische Entwicklung begleitet und geformt ist von der ständigen Auseinandersetzung mit ihr in ihren vielfältigen Formen, hat die Psychoanalyse keinen Begriff (von) der Macht.

Ethel Person (2000/2001) hat diesen Mangel eines Macht-Begriffs als Ergebnis einer Verleugnung der Macht gedeutet, und zwar in erster Linie der Verleugnung jener tatsächlich stattfindenden Machtkämpfe innerhalb des psychoanalytischen Kreises selbst. In diesen Machtkämpfen war es gerade um die Rolle der Macht im Psychischen gegangen, um die Durchsetzung des Primats des Lust-Prinzips gegenüber dem Macht-Prinzip, dem Willen zur Macht, Macht-Streben. Und diese Machtkämpfe waren mit dem Ausschluss des Vertreters des Macht-Begriffs im psychoanalytischen Diskurs der frühen Jahre beendet worden: mit dem Ausschluss Alfred Adlers. Verleugnung der Macht und Verleugnung Adlers sind sozusagen die zwei Seiten einer Medaille, konstitutives Charakteristikum des psychoanalytischen Diskurses (vgl. Bruder-Bezzel/Bruder 2001).

Adler selbst hat den Begriff der Verleugnung nicht in die Psychoanalyse eingeführt und nicht verwendet (sondern Freud (1895) in den „Studien über Hysterie"), aber Adler liefert wie kein anderer vor ihm eine Theorie der Verleugnung – unter Zuhilfenahme des Begriffs der „Fiktion", des „als ob" des Philosophen Hans Vaihinger (1911): Ich verleugne meine Fehler, meine Schwäche, meine Ohnmacht, indem ich so tue, als ob ich fehlerlos, stark, mächtig sei.

Adler entwickelt seine Theorie der Verleugnung im dichten Kontext der Psychoanalyse der Macht. Es ist das Streben nach Überwindung von Ohnmacht, das sich für Adler als ein Streben nach Macht darstellt, eine „Kompensation" der als Gefühl der „Minderwertigkeit" erlebten Ohnmacht.

1912 hatte Adler den Begriff des „Willens zur Macht" als „Grundkraft" i. S. eines „Endzwecks" des Handelns und als „Machtstreben" eingeführt und hat damit dem Kompensationsstreben, dem Streben nach Überwindung, nach Geltung, nach Erhöhung, einen Namen, ein Ziel gegeben. Natürlich hat er diesen Begriff „Wille zur Macht" von Nietzsche übernommen und verweist er auch auf Nietzsche. Allerdings gibt er „Wille zur Macht" als Begriff weitgehend auf, aber belässt die Beschreibung und die Kritik des Machtstrebens im Zentrum seiner Theorie (vgl. Bruder-Bezzel 2010).

Machtstreben des Einzelnen und in der Gesellschaft ist für ihn aggressiv, zerstörisch, männlich, ein Gift, das „hervorstechendste Übel in der Kultur" (Adler 1927, S. 75). Machtstreben erscheint als Streben nach Herrschaft und Überlegenheit, als Neigung zur Despotie, Machtbegehren, Machtfantasie, Machtgier.

Die Dynamik von Minderwertigkeitsgefühl und kompensatorischem Machtstreben entwickelt Adler ausgehend von der Situation des hilflosen, auf den Erwachsenen angewiesenen Kindes gegenüber der tatsächlichen Überlegenheit des Erwachsenen. „Die kindliche Unbeholfenheit ... [erzwingt] das Austasten der Möglichkeiten [...] damit die Brücke in die Zukunft geschlagen werden könne, wo Größe, Macht, [und] Befriedigungen aller Art wohnen" (Adler 1912, S. 81).

Adler erklärt diesen Brückenschlag aus der Minderwertigkeit zur Macht und Größe als „die wichtigste Leistung des Kindes, da es sonst in der Fülle der einstürmenden Eindrücke ohne [...] Rat, ohne Führung stünde [...]". Das „Leitbild des Kindes muss so beschaffen sein, als ob es dem Kinde größere Sicherheit, Orientierung bringen könnte, indem es die Richtung seines Wollens beeinflusst."

Das Leitbild, das „zukünftige, veränderte Bild der eigenen Person" wird „in der Gestalt des Vaters [...] eines Helden, [...] eines Gottes gedacht" (a.a.O. S. 81). Dadurch wird die Überlegenheit des Erwachsenen überwunden, d. h. verleugnet.

Adlers Theorie geht somit von der subjektiven Realität der Erfahrung der Macht bzw. des Umgangs mit dieser aus: Es ist ein Bedürfnis der Ohnmächtigen, der Untergebenen, die eigene Ohnmacht, die Abhängigkeit von der Macht zu verleugnen, sein eigenes Tun und Denken als autonom zu fantasieren, um somit selbst das Gefühl von Macht zu erleben. Sie „träumten lieber von selbst gewollten und selbst gesuchten Heldentaten", um sich vom „Gefühl tiefster menschlicher Erniedrigung" zu befreien – wie Adler 1919 über die sog. freiwilligen Soldaten des Ersten Weltkriegs schrieb (1919, S. 128 f).

Machtstreben, Streben nach Überlegenheit erscheint also als ein Versuch, das Gefühl von Unterlegenheit zu überwinden, die erlebte erfahrene Ohnmacht zu kompensieren. Es basiert auf Verleugnung: der – eigenen – Ohnmacht, der Macht – des Anderen.

Diese Verleugnung (der „Realität") durch die „Fiktion", die die Realität aus der Welt schafft, ist in Adlers Theorie der Kompensation ausgedrückt.

Diese Aufgabe, das Gefühl der Minderwertigkeit zu kompensieren, erfüllt das Macht-Streben auch dann, wenn „reale"

Kriegsbegeisterte Soldaten zu Beginn des ersten Weltkriegs. Bundesarchiv, Bild 146-1994-022-19A. Foto: Tellgmann, Oscar, August 1914 (www.wikimedia.org)

(gesellschaftliche) Macht nicht erreicht wird, wenn es nur dazu reicht, so zu tun, „als ob": die „Fiktion" der Überlegenheit, die Fiktion der eigenen Macht.

Aber zentral geht es um die Erhöhung (Erhaltung) des Persönlichkeits-Gefühls – Adlers Begriff für Selbstbestimmtheit –, die sich gründet auf die „Fiktion" der eigenen Macht oder der „Teilhabe an der Macht", die Verleugnung der eigenen Ohnmacht, die Fiktion der Selbstbestimmtheit, die Verleugnung der Fremdbestimmtheit.

Wir hängen an Fiktionen, die unser Verhalten, Denken, Wahrnehmen, Fühlen „leiten". Der Neurotiker ist „ans Kreuz seiner Fiktionen geschlagen" (Adler 1912, S. 89), hängt in den Maschen seiner Verleugnungen.

Verleugnet wird nicht nur die persönliche Macht des konkreten anderen, sondern auch die abstrakte Machtstruktur der Gesellschaft, die „strukturelle" Macht (Gewalt), die den Diskurs beherrscht.

Diese (gesellschaftliche, strukturelle) Macht kränkt das Gefühl von Selbstbestimmtheit, Autonomie des Subjekts. Deshalb muss sie verleugnet werden, muss Macht als Besitz einer Person behauptet werden, mit der sie über sich – wenn schon nicht über andere – bestimmen kann. Wir wollen (eher) das Gefühl, dass wir es sind, die sich in den Diskurs einbringen, als dass wir von ihm bestimmt werden. Wir wollen, dass es unsere eigenen Gedanken sind, die wir einbringen, als dass wir die dort kursierenden Parolen übernehmen, dass wir die Botschaften der anderen lediglich übersetzen (vgl. Laplanche 1991).

Das Machtstreben und seine jeweiligen Formen sind – wie auch die Gefühle der Inferiorität – bei Adler eng mit sozialen, gesellschaftlichen Bedingungen verknüpft, aus diesen abgeleitet. Es impliziert eine hierarchische Achse von Oben und Unten, einen sozialen Vergleich.

Auch wenn es Macht und Einflussmöglichkeiten gibt, die mehr oder weniger auf persönlichen, körperlichen, intellektuellen oder emotionalen Qualitäten beruhen, so ist doch der Großteil von Macht und Machtausübung an eine soziale Position gebunden.

Napoleon auf seinem kaiserlichen Thron im Krönungsornat mit Symbolen und Attributen der Macht, Jean Auguste Dominique Ingres (1780 – 1867), Musée de l'Armée, Paris

die grundlegende Ausrichtung des Verhaltens ihrer „Besitzer".

Adler hat sich im „Nervösen Charakter" auf diesen Sachverhalt mit seinem Ausdruck der „Positionspsychologie" (gegenüber „Dispositionspsychologie") (Adler 1912, Erg. 1928, S. 319) bezogen, um damit zu sagen, dass aus der Position heraus jemand handelt oder seine Haltung entwickelt, die Position sein Handeln und Denken prägt und bewirkt.

Es geht dabei um soziale, berufliche Positionen, und die sind auch gewählt. Diese Wahl der Position – meist das Ergebnis einer Serie von vorherigen Entscheidungen – bringt ein subjektives Moment in die Position ein, im Sinn einer Selbstselektion, die auf persönlichen Merkmalen und Fähigkeiten, auf persönlichen Anteilen von Narzissmus beruht.

Ein anderer subjektiver Faktor zeigt sich darin, wie jemand diese Position im Einzelnen ausfüllt, innerhalb der vorgegebenen Regeln. Es gibt milde und strenge Ausübung von Macht, starke und schwache, impulsive oder rationale etc., Väter, Mütter, Chefs, Politiker etc.

Die Machtposition ist Instrument für das Machtstreben, und das ist für Adler immer mit Aggressivität verbunden und mit Männlichkeit. Wille zur Macht ist für ihn „eine Form des männlichen Strebens", ist männlicher Protest (1912, S. 74).

Diese „Männlichkeit" versteht Adler nicht biologisch, sondern sehr kritisch als kulturell geprägtes und vorherrschendes Klischee, als Symbol oder Metapher für Überlegenheit, Kraft, Macht.

In der Analyse einer literarischen Figur (Novelle: Eysenhardt, von A. Berger 1911) zeigt Adler, wie Menschen in Machtpositionen ihre Charakterneurose, ihren Narzissmus sozial einbringen. Eysenhardt lebt sein Schwanken zwischen Minderwertigkeitsgefühl und Omnipotenzgefühl, seinen Traum nach mehr Macht, seine Furcht vor Versagen, seine Lust an der Macht, seine kompensatorische Aggressivität oder seinen Sadismus in seiner Position des

Die Position ist es, die Macht verleiht, sie gibt die Inhalte, die Aufgaben und Ziele und die Grenzen ihres Wirkens vor. Die Position stellt besondere Strukturen, Regeln, Netzwerke, bereit, die es dem Positionsinhaber erlauben, seine Funktion auszuüben. Somit ist in Teilen zumindest die Bewältigung der Aufgaben oder der Wirkungsgrad der Macht zunächst relativ unabhängig von der Person, relativ egal, ob die Person dazu besonders begabt ist. „Wem Gott ein Amt gibt, gibt er auch den Verstand", heißt eine Volksweisheit. Zu denken ist an Politiker, Manager, Präsidenten und Chefs, aber auch an die Position des Vaters, Erziehers, Lehrers und vieles mehr. Die Position, nicht in erster Linie der Charakter, bestimmt daher

Staatsanwalts, des kaiserlichen Beamten aus (vgl. Bruder-Bezzel 2009).

Macht ist der Ausdruck einer sozialen Beziehung, ist relational, Macht ist Macht über andere, sie gründet auf Ungleichheit, oben und unten. Da wo es Macht gibt, gibt es auch Ohnmacht und Unterworfene, Macht ist auf Ohnmacht angewiesen, die Wenigen herrschen über die Vielen. Dagegen kann sich „Gegenmacht" entwickeln und erheben: Das Kräfteverhältnis ist im Fluss.

Mächtige sind abhängig, weil und insofern

a. sie selbst Diener sind

b. sie im gesellschaftlichen, heute auch globalen Kontext stehen und in ein Netz von Beziehungen eingebunden sind (Gemeinschaften, moderne Netzwerke), innerhalb deren und gegen die sie agieren müssen

c. sie darauf angewiesen sind, dass die Unterworfenen mitspielen, zustimmen oder erdulden, sie wählen – und nicht revoltieren.

Sie üben in ihrer Position jeweils vorübergehend repressive oder autoritative Funktionen aus, sind aber ansonsten im Gefüge der Hierarchie oder auch in persönlichen Beziehungen möglicherweise mehr oder weniger Unterlegene, wie Polizisten, Soldaten, Hausmeister, Wachleute.

Zu ertragen ist das mit der Identifikation mit dem Aggressor oder, wie Adler dies ausdrückt, mit der Fiktion, groß und stark zu sein, Macht zu haben, oder wie bereits von Adler diskurstheoretisch ausgedrückt: „mit der Übernahme der Parole des Bedrückers", des Befehlshabers, Machthabers. In seiner Schrift nach dem 1. Weltkrieg, „Die andere Seite" (1919), drückt Adler dies in Bezug auf die freiwilligen,

„Gargantua", eine Lithografie von Honoré Daumier.
Das Bild zeigt König Louis Philippe I. (1773-1850) als den gefräßigen Riesen Gargantua (Romanfigur von François Rabelais), der die reichhaltigen Staatsbudgets nacheinander verschlingt und sich dazu noch mit Kronschenkungen vollstopft, die als Pasteten aufgetragen werden. Dabei lässt er sich von zwerghaften Gestalten bedienen, in denen man die Königlichen Minister erkennt. Wegen dieser Karikatur wurde Honoré Daumier 1832 zu sechs Monaten Haft verurteilt.

angeblich kriegsbegeisterten Soldaten so aus: „Die meisten von ihnen" waren „Opfer einer falschen Scham": Sie taten so, als ob sie den Ruf des Generalstabs selbst ausgestoßen hätten. „Nun waren es nicht mehr gepeitschte Hunde, die man gegen ihren Willen dem Kugelregen preisgab, – nein, Helden waren sie" … so wichen sie scheu der Erkenntnis aus, nur armselige Opfer fremder Machtgelüste zu sein" (1919, S. 128f.).

Macht bedarf der Anerkennung und Zustimmung, ohne dies kann sie nicht sein. Das ist das zentrale Thema in Manès Sperbers „Analyse der Tyrannis" (1937). In sehr enger Anlehnung an Adlers Schrift von 1919 zum Krieg, zeigt Sperber die Abhängigkeit des Herrschers, aber auch seine Angst auf.

Das Fundament der Macht ist nicht sicher, im gesellschaftlichen Miteinander ist man aufeinander angewiesen und gibt es Konkurrenten, Mitbewerber und Neider um die Macht. Der Mächtige lebt in ständiger Unsicherheit, der Absturz ist stets möglich.

Aus der Unsicherheit und Abhängigkeit der Machtposition entsteht auch hier der Stachel der Kompensation, der Ehrgeiz, das ständige Streben nach Erhalt und nach Steigerung von Macht und von Sicherheit, als unersättlicher Ehrgeiz.

In Adlers Theorie der Macht als der Stärke aus der Schwäche ist das Lächerliche von vornherein enthalten: Es ist ein Machtstreben von einem, der es nötig hat, ein Streben nach Geltung und Anerkennung aus einer Schwäche heraus; es ist ein Jagen nach dem Schein, nach einer Fiktion von Größe, eine Aufgeblasenheit, ein Omnipotenzgehabe, ein Gernegroß. Der männliche Protest ist eine lächerliche Pose.

Adler war mit dieser Darstellung der tragischen Lächerlichkeit ganz sicher von Nietzsche inspiriert, der sich mit seiner Absage an die „großen Erzählungen" von der Autorität der erstarrten Wissenschaft befreite.

Literatur

Adler. A. (1912/2008): Über den nervösen Charakter. Studienausgabe Bd. 2. Hg. K. H. Witte, A. Bruder-Bezzel, R. Kühn. Göttingen: Vandenhoeck&Ruprecht

Adler, A. (1919/2009): Die andere Seite. Eine massenpsychologische Studie über die Schuld des Volkes. Studienausgabe Bd. 7. Göttingen, Vandenhoeck&Ruprecht

Adler, A. (1927/2007): Menschenkenntnis. Studienausgabe Bd. 5. Hg. A. Rüedi. Göttingen: Vandenhoeck&Ruprecht

Bruder-Bezzel, A. & Bruder, K. J. (2001): Auf einem Auge blind: die Verleugnung der Macht in der Psychoanalyse. ZfIP 26, 1/ 2001, S. 24-31

Bruder-Bezzel, A. (2009): Die verschwiegenen Wege der Lust an der Macht. Adlers Hofrat Eysenhardt. In: Wahl, P. et al. Hg. Macht – Lust. Beiträge zur Individualpsychologie, Bd. 35. Göttingen: Vandenhoeck&Ruprecht, S. 154-172

Bruder-Bezzel, A. (2010): Alfred Adlers Nietzsche-Bezug und die schöpferische Kraft. In: Lesmeister, R., Metzner, E. Hg. Nietzsche und die Tiefenpsychologie. Freiburg, München: Alber, S. 91-106

Laplanche, J. (1991): Deutung zwischen Determinismus und Hermeneutik. Eine neue Fragestellung. [dt. in: Psyche XLVI, 6, Juni 1992, S. 467-498]

Person, E. S. (2000/2001): Über das Versäumnis, das Machtkonzept in die Theorie zu integrieren. In: Schlösser, Sperber, M. (1937/2006):* Zur Analyse der Tyrannis. Graz: Leykam

Almuth Bruder-Bezzel
Dr. phil., Dipl.-Psych., Psychoanalytikerin (DGIP, DGPT) in eigener Praxis, Dozentin und Lehranalytikerin am AAI Berlin.
Zahlreiche Buch- und Aufsatzveröffentlichungen vor allem zur Geschichte und Theorie der Individualpsychologie.

Klaus-Jürgen Bruder
Prof. Dr. phil. habil., Psychoanalytiker, Professor für Psychologie und erster Vorsitzender der Neuen Gesellschaft für Psychologie.
Zahlreiche Buch- und Aufsatzveröffentlichungen vor allem zur Geschichte und Theorie der Individualpsychologie.

Symbole der Macht (5)
„Freie Fahrt für freie Menschen"

Das Auto bzw. das Fahrzeug ist immer noch das Status-Symbol schlechthin. Früher nur Gottheiten oder Mächtigen vorbehalten (hier die Vision des Ezechiel, in der er Gott wie in einem Thronwagen sitzen sah) ist das Auto seit Henry Ford vielen Menschen zugänglich geworden.

Heute muss es schon besondere Merkmale aufweisen, damit es noch beeindrucken kann. Dazu gehört natürlich die Größe, wie hier z. B. bei einer Stretchlimousine, die PS-Zahl, die edle Ausstattung oder die seltene, exquisite Marke.

Wem die eigene Autoflotte, die eigene Yacht, das eigene Flugzeug nicht mehr reichen, der schafft sich ein eigenes Raumschiff an. Damit kann er dann gottgleich über der Erde schweben und die Geschicke von dort aus mit souveräner Distanz betrachten.

Symbole der Macht (5)
„Freie Fahrt für freie Menschen"

Im Auto können sich alle bereits besprochenen Aspekte der Macht: Größe, Höhe, Stärke, Ausdehnung, Waffe, Schönheit, Luxus, Reichtum usw. verbinden. Das Auto (früher Automobil, gr.: selbstbewegendes Fahrzeug) ist eben nicht nur ein Verkehrsmittel, das dem Menschen weit über seine eigene Muskelkraft hinaus zur Fortbewegung und zum Transport von Lasten dient, es ist ein absolut „mana"geladenes Machtobjekt, ein „Faszinosum".

Mythologische Vorläufer des Automobils waren z. B. der Wagen des Helios oder der von feurigen Pferden gen Himmel gezogene Wagen des Elias. „Im Wagen thronend erscheint die Gottheit stets in sich ruhend und in ihrem Wesen unverändert, wandelt sich aber von der Perspektive der Erscheinung im Raum und des Geschehens in der Zeit" (Kadinsky, Der Mythos der Maschine, Huber, 1969, S. 34).

Als Werkzeug wurden Wagen schon früh zum Transport benutzt, als Streitwagen konnten sie bereits in der Antike im Krieg als eine Art Waffe verwendet werden. Auch Wagenrennen als Sportveranstaltung sind schon in der Antike bekannt. Das eigentliche Auto war nach seiner Erfindung durch Benz, Daimler und Maybach zunächst ausschließlich Statussymbol der Reichen und Bedeutsamen.

Das Auto und die mit ihm verbundene individuelle Beweglichkeit und Freiheit ist zu einem zentralen Symbol des modernen „Homo faber" geworden, der sich göttergleich majestätisch in einem sich selbst bewegenden Wagen, manchmal auch Luxus-Schlitten, kreuz und quer durch seine Welt bewegen kann. Dass der Mensch selber nun der Lenker des mythischen Thronwagens wird, bedeutet nach David Kadinsky, „dass das Bewusstsein die Fähigkeit bekommt, in allen sich wandelnden Erscheinungen und in allem Wechsel des Geschehens das eine, unveränderliche Wesen der Gottheit zu erkennen. [...] Die Verwandlung des Thronwagens in ein Medium, in dem der Mensch sich mit der Gottheit trifft, bedeutet demgegenüber ein Anteilbekommen des menschlichen Bewusstseins an der Macht und dem Regieren des Übermenschlichen." (Kadinsky, s. o., S. 57)

So ist das Auto zunächst ein Energiesymbol, es drückt Energie, Kraft und Stärke aus, die einem zur Verfügung steht, um sich relativ frei und autonom durchs Leben zu bewegen. Damit ist es auch ein Symbol für Dynamik, Beweglichkeit, Selbstbestimmung, relative Unabhängigkeit und Freiheit. Je mehr mir von dieser kraftvollen Energie und den weiteren Eigenschaften zur Verfügung steht, desto mächtiger bin ich. Daneben besteht ein Auto aus konkreter, komplex und intelligent angeordneter Materie und ähnelt darin dem Körper als sich selbst regulierendem Organismus.

Seine Ähnlichkeit mit einem schützenden Haus und verschließbaren Türen lässt es auch zu einem großen Teil an dessen Symbolik teilnehmen, wie ja insbesondere an Reise-Wohn-Mobilen deutlich wird. Gerade auch bei schwierigem Wetter schenkt das Auto zudem Gefühle der Wärme, des Schutzes und der Geborgenheit „wie eine gute Mutter".

Alle diese Qualitäten teilt das Auto mit anderen machtvollen Fahrzeugen, wie dem Schiff, dem Flugzeug oder dem Raumschiff. Visionäre träumen von einem Auto, das sowohl schwimmen (evtl. auch tauchen), als auch fahren und fliegen kann.

Damit hätte sich der Mensch eine ganzheitliche Maschine geschaffen, mit der er seinen individuellen Macht- und Wirkungsbereich, seine Unabhängigkeit und Freiheit in beträchtlicher Weise ausgedehnt und sich göttergleich über viele Beschränkungen der Materie und des Menschseins erhoben hätte.
(Quelle: symbolonline.de)

Führung und Macht

Anselm Grün

Einleitung

Wer führt, hat Macht. Darüber täuscht auch nicht der benediktinische Grundsatz hinweg, dass Führen Dienen heißt. Wenn wir heute von Macht sprechen, dann schwingt da immer auch ein schlechtes Gewissen mit. Macht erscheint als etwas Negatives, als etwas, das vor allem missbraucht wird. Wir sprechen von den machtbesessenen Politikern oder Wirtschaftsführern. In der christlichen Tradition gibt es kaum eine gut entwickelte Theologie der Macht. Deshalb ist Macht auch in der Kirche oft missbraucht worden. Weil man darüber nicht reflektiert hat, hat man sie oft auf unfaire Weise ausgeübt. Daher braucht es ein Nachdenken über die Macht, damit sie dann von den Führenden richtig ausgeübt wird.

Wesen der Macht

Die Theologie sagt uns, dass Macht zu den elementaren Erfahrungen des Menschen gehört. Jedes Sein hat auch Macht. Es setzt sich durch. Macht ist die Fähigkeit, etwas frei und mit eigener Kraft zu verwirklichen. Max Weber hat die Macht dagegen äußerlicher gesehen, wenn er meint, sie bestehe in dem „Vermögen einer Person oder Gruppe, ihren Willen und

Anfang März 1930 veranlasste Gandhi eine Kampagne des zivilen Ungehorsams und rief zum „Salzmarsch" gegen das britische Salzmonopol auf. Der 388 km lange Salzmarsch von Ahmedabad nach Dandi in Gujarat war die spektakulärste Kampagne, die Gandhi während seines Kampfes um Unabhängigkeit initiierte. Gandhi protestierte mit diesem Marsch vom 12. März bis zum 6. April gegen die ungerechten englischen Salzsteuern. Es gab ein weltweites Medienecho zugunsten des indischen Freiheitskampfes.

ihre Ziele auch gegen äußere oder innere, materielle oder personelle Widerstände durchsetzen zu können" (Furger, LexSpir 823).

Die Bibel spricht vor allem von der Macht Gottes, aber auch von der Vollmacht Jesu und von der Macht, die Gott dem Menschen gibt. Dabei verwendet die Bibel vor allem die beiden Worte „exousia" (die ermächtigte Macht, die frei von Hindernissen etwas zu sagen hat) und „dynamis" (die innewohnende machtvolle Kraft und Fähigkeit zu wirken). (Vgl. R. Hauser, HthG 102)

Von Jesus heißt es, dass er mit Vollmacht gepredigt hat (Mk 1,22). Hier steht das griechische Wort „exousia". Jesus hat von Gott her die Macht, so zu sprechen, wie es der Wirklichkeit entspricht. Von diesem Wort geht Macht aus. Man kann sich dieser Macht nicht entziehen. Worte und Argumente haben eine Macht in sich, die man nicht übergehen kann. In Jesu Worten ist Gott anwesend. In seinen Worten wirkte Gott, enthüllte sich Gott in seiner Macht. Die Zuhörer konnten sich der Macht seiner Worte nicht entziehen. Markus beschreibt diese Macht der Worte Jesu so, dass ein Mann, der von einem unreinen Geist besessen war, zu schreien begann. Der unreine Geist steht für ein getrübtes Gottesbild. Der Mann hatte offensichtlich ein Bild von Gott, der ihm dienen soll, damit er sich über andere erheben konnte. Das gibt es auch heute noch, dass manche ihre Gottesbilder dazu missbrauchen, sich über andere zu erheben, sich besser zu fühlen als die andern und die andern zu verurteilen. Jesus hat so von Gott gesprochen, dass sich dieses dämonische Gottesbild zu Wort melden musste. Der Mensch musste reagieren. Er konnte sein verkehrtes Gottesbild nicht für sich behalten. Jesu Vollmacht hat es aus ihm hervorgelockt.

Jesus treibt den Dämon aus dem Mann mit Macht heraus. Es ist die „dynamis", die Kraft, die in ihm wohnt, die ihn antreibt, mit innerer Macht die Dämonen aus den Menschen herauszutreiben. Die Dämonen, das sind fixe Ideen, das sind Lebensmuster, die den Menschen an seiner Entfaltung hindern. Es sind Zwänge, die den Menschen gefangen halten.

Und es sind die Aber-Geister – wie Fridolin Stier sie übersetzt –, die den Menschen daran hindern, sich wirklich auf das Leben einzulassen. Die Macht Jesu dient dazu, den Menschen wieder so herzustellen, wie er eigentlich gedacht war, ihn zu befreien aus der Macht von Mächten, die ihm nicht guttun, die ihn beherrschen und ihn verbiegen. Macht ist hier also positiv gesehen, als Macht gegen das Böse, als Macht, so zu sein, wie es unserem Wesen entspricht.

Jesu Infragestellung der Macht

Im Lukasevangelium stellt Jesus in seiner letzten Rede beim Abendmahl vor seinem Tod die Macht infrage, so wie sie in unserer Welt ausgeübt wird. Und er zeigt uns auf, wie christliche Macht aussieht: „Die Könige herrschen über ihre Völker, und die Mächtigen lassen sich Wohltäter nennen. Bei euch aber soll es nicht so sein, sondern der Größte unter euch soll werden wie der Kleinste, und der Führende soll werden wie der Dienende. Welcher von beiden ist größer: wer bei Tisch liegt oder wer bedient? Natürlich der, der bei Tisch liegt. Ich aber bin unter euch wie der, der bedient." (Lk 22,25-27)

Jesus kritisiert hier zwei negative Weisen der Machtausübung. Die erste Weise, Macht auszuüben, ist das Herrschen und Unterdrücken. Ich muss andere kleinmachen, um an meine Größe glauben zu können. Es ist die typische Weise, wie Menschen mit Minderwertigkeitskomplexen ihre Macht ausüben. Für sie ist Macht gefährlich. Denn sie benutzen sie, um ihre eigene Minderwertigkeit zu kompensieren. Sie gestalten mit ihrer Macht nicht das, was ihnen anvertraut ist. Sie sind weder offen für die Sache, die sie formen sollen, noch für die Menschen, die sie motivieren sollen. Sie benutzen beides nur, um der eigenen Größe zu dienen. Die Macht dient nur der eigenen Größe, den eigenen Bedürfnissen. Das ist eine Verfälschung der Macht.

Die zweite Form ist ähnlich: Die Mächtigen lassen sich Wohltäter nennen. Sie nutzen ihre Macht, um ihr gutes Image zu pflegen. Albert Görres, der Münchner Psychiater, meinte einmal, es gäbe Mächtige, die um sich herum

Carl Heinrich Bloch (1834 – 1890), Die Bergpredigt

lauter Bewunderungszwerge sammeln. Es ist die Macht der narzisstischen Persönlichkeiten. Auch sie kreisen nur um sich selbst, jetzt weniger um ihre Größe als um ihr Selbstbild. Sie sind in sich selbst verliebt wie einst Narziss. Sie können um sich herum nur Menschen sammeln, die sie bewundern. Kritische Menschen meiden sie. Und sie müssen Mitarbeiter, die beliebt sind, entlassen oder aber behindern, weil sie Angst haben, sie könnten beliebter sein als sie, sie könnten ein besseres Bild abgeben als sie. Damit aber vergeuden sie sehr viel Potenzial. Psychologen meinen, dass wohl 40 % des Potenzials einer Firma verschwendet werden durch solche unreifen Spiele von Menschen mit Minderwertigkeitskomplexen oder von narzisstischen Führungspersönlichkeiten.

Macht braucht daher einmal Reife und zum andern eine spirituelle Dimension. Diese spirituelle Dimension spricht Jesus in seinem Wort an. Wer wahre Größe hat, der kann sich auch kleinmachen. Der muss nicht andere kleinmachen. Er kann sie vielmehr größer werden lassen. Das ist Zeichen wahrer Autorität. Denn Autorität kommt von „augere = wachsen". Wer Autorität hat, wer Vollmacht hat, der vermag andere wachsen zu lassen. Er fördert das Leben. Und er dient dem Leben. Er lockt das Leben in den Menschen hervor. Das ist wahre Macht: dem Leben dienen, Leben wecken, Leben hervorlocken.

Wenn wir die Worte Jesu bedenken, dann erkennen wir: Wahre Macht vermag nur der auszuüben, der seiner selbst mächtig ist, der über sich selbst herrscht, der sich seiner selbst und seines Wertes bewusst ist. Er hat es nicht nötig, andere zu entwerten. Im Gegenteil: Er vermag andere in ihrem Wert zu fördern. Seiner selbst mächtig zu werden, ist aber ein spiritueller Weg. Jesus spricht im Lukasevangelium davon, dass das Reich Gottes in uns ist. Wenn Gott in uns herrscht, dann sind wir frei von der Macht der Menschen. Dann haben wir es nicht nötig, uns zu verbiegen, nur um möglichst viel

Anerkennung von den Menschen zu bekommen. Dann sind wir aufrecht und frei. Und dann werden wir auch andere Menschen aufrichten.

Nur wenn Gott in uns herrscht, wird unsere Macht für andere zum Segen. Matthäus zeigt uns in der Versuchungsgeschichte, dass Jesus selbst vom Teufel versucht wird, alle Macht dieser Welt in Anspruch zu nehmen. Der Teufel würde ihm alle Macht über Menschen geben, wenn Jesus sich vor ihm niederwerfen und ihn anbeten würde. Doch Jesus weist diese Versuchung zurück mit den Worten: „Weg mit dir, Satan! Denn in der Schrift steht: Vor dem Herrn, deinem Gott, sollst du dich niederwerfen und ihm allein dienen" (Mt 4,10). Wir werden die Macht über Menschen nur dann richtig anwenden, wenn wir Gott anbeten, wenn wir uns der Rechenschaft Gott gegenüber bewusst werden. Alle Macht, die wir über Menschen ausüben, ist immer nur eine Macht, die Gott uns zur Verfügung stellt.

Führen und Macht

Macht ist die Fähigkeit, diese Welt zu gestalten und Menschen zu einem gemeinsamen Werk zu bewegen. Insofern braucht die Führungskraft Macht. Wenn von ihr nichts ausgeht, hat sie auch keine Macht. Jeder, der etwas bewirken will, braucht Macht. Aber diese Macht ist nicht nur eine äußere Machtstellung. Sie ist vielmehr eine innere Kraft, die dem Führenden innewohnen muss. Nur so kann er die Menschen motivieren und kann eine Firma leiten. Die Macht muss aber immer richtig gebraucht werden. Und sie wird nur dort richtig angewandt, wo sie sich zum Wohl der Menschen einsetzt. Macht darf nie zur Gewalt werden. Wo sie zur Gewalt wird, hat sie keine innere Kraft in sich. Sie muss sich auf äußere Gewalt verlegen, weil sie der inneren Dynamik nicht traut.

Es gibt Menschen, von denen einfach Kraft ausgeht. Macht ist letztlich eine Gabe Gottes. Nicht jeder hat diese innere Vollmacht in sich wie Jesus. Aber jeder Führungskraft wurde kraft ihres Amtes eine gewisse Macht zugewiesen. Und diese Macht muss sie so ausüben, dass sie den Menschen dient, dass sie kraftvoll eine Firma in die Zukunft führt und die Menschen überzeugt von dem, was sie für richtig hält und was letztlich den Menschen guttut. Letztlich braucht es die Macht von Menschen, um für die Werte und für die Würde des Menschen zu kämpfen. Dann ist es eine Macht, die eine kraftvolle Führung zum Wohl der Menschen ermöglicht.

Schluss

Macht ist eine gute Gabe Gottes. Sie ist die Befähigung, etwas zu gestalten und zu formen, etwas zu vermögen. Wer Macht verteufelt, der liefert sie dem Teufel aus, der ist selbst schuld daran, wenn Macht missbraucht wird. Wer Macht nur anzweifelt, der trägt dazu bei, dass Macht auf zweifelhafte Weise ausgeübt wird. Wir brauchen heute eine neue Spiritualität der Macht, damit wir mit unserer Macht den Menschen dienen, dem Leben dienen. Wir bräuchten heute ein neues Gespür für die Vollmacht, mit der Jesus gepredigt und gehandelt hat. Es ist eine Macht, die wir uns nicht nehmen, sondern die uns von Gott gegeben wird, damit wir – ähnlich wie Jesus – mit dieser Macht Dämonen austreiben, dass wir krankmachende Strukturen und Verhältnisse auflösen, um ein gesundes Klima zu schaffen, in dem die Menschen ihre wahren Fähigkeiten und Möglichkeiten verwirklichen.

Anselm Grün
Benediktinermönch und wirtschaftlicher Leiter der Abtei Münsterschwarzach bei Würzburg. Kurstätigkeit, Vortragstätigkeit, Autor vieler Bücher, geistlicher Begleiter im Recolleciohaus, einem Haus für Priester und Ordensleute in Krisensituationen.

Duccio di Buoninsegna, Versuchung Christi auf dem Berg, 1308-1311

Christus und der Teufel

Es gibt genug normale Fälle, bei denen sich unter bestimmten Umständen plötzlich ein der bewussten Persönlichkeit entgegen gesetzter Charakter zeigt, so dass zwischen beiden ein Konflikt entsteht.

Nehmen Sie zum Beispiel den klassischen Fall der Versuchung Christi. Man nennt das Wesen, das Christus versucht, Teufel; aber ebenso gut könnte man sagen, dass es sich um einen unbewussten Machtwillen handelte, der in Gestalt des Teufels an Christus herantrat.

Beide Seiten werden sichtbar: die helle und die dunkle. Der Teufel will Jesus verführen, sich zum Herrn der Welt zu erklären. Jesus will der Versuchung nicht erliegen, und da erscheint, dank der aus jedem Konflikt hervorgehenden transzendenten Funktion, ein Symbol, nämlich die Idee des himmlischen Reiches, des geistigen Königreiches anstelle des materiellen.

In diesem Symbol sind zwei Dinge vereint: die geistige Einstellung Christi und der teuflische Wunsch nach Macht.

(C. G. Jung, Briefe 1, S. 337)

Die 48 Gesetze der Macht

Der Amerikaner Robert Greene hat in seinem Buch „Power. Die 48 Gesetze der Macht" (dtv Taschenbuch, 2001) Prinzipien der Machtausübung zusammengefasst und diskutiert, die er der entsprechenden historischen und aktuellen Literatur entnommen hat. Greene behauptet, die Prinzipien würden in allen Kulturen und – unabhängig von der Größe der jeweiligen Gemeinschaft – in allen menschlichen Gemeinschaften gelten. Sie sind eine Mischung aus List, diplomatischem Geschick und direkter Machtausübung, nach dem Grundsatz des Machiavelli: „Der Zweck heiligt die Mittel".

Gesetz 1: Stelle nie den Meister in den Schatten.

Gesetz 2: Vertraue deinen Freunden nie zu sehr –
bediene dich deiner Feinde.

Gesetz 3: Halte deine Absichten stets geheim.

Gesetz 4: Sage immer weniger als nötig.

Gesetz 5: Ohne einen guten Ruf geht nichts – schütze ihn mit allen Mitteln.

Gesetz 6: Mache um jeden Preis auf dich aufmerksam.

Gesetz 7: Lass andere für dich arbeiten,
doch streiche immer die Anerkennung dafür ein.

Gesetz 8: Lass die anderen zu dir kommen – ködere sie, wenn es nötig ist.

Gesetz 9: Taten zählen, nicht Argumente.

Gesetz 10: Ansteckungsgefahr: Meide Unglückliche und Glücklose.

Gesetz 11: Mache Menschen von dir abhängig.

Gesetz 12: Entwaffne dein Opfer mit gezielter Ehrlichkeit und Großzügigkeit.

Gesetz 13: Brauchst du Hilfe, appelliere an den Eigennutz.

Gesetz 14: Gib dich wie ein Freund, aber handle wie ein Spion.

Gesetz 15: Vernichte deine Feinde vollständig.

Gesetz 16: Glänze durch Abwesenheit,
um Respekt und Ansehen zu erhöhen.

Gesetz 17: Versetze andere in ständige Angst.
Kultiviere die Aura der Unberechenbarkeit.

Gesetz 18: Baue zu deinem Schutz keine Festung – Isolation ist gefährlich.

Gesetz 19: Mache dir klar, mit wem du es zu tun hast.
Kränke nicht die Falschen.

Gesetz 20: Scheue Bindungen, wo immer es geht.

(Fortsetzung S. 65)

Wirtschaftskrise als Herausforderung

Reiner Manstetten

Unter allem, was Menschen herausfordert, ist die Ethik, aufs ganze Leben gesehen, vielleicht die Herausforderung schlechthin. Ihr Gegenstand ist unser Tun unter dem Gesichtspunkt nicht relativierbarer Ansprüche. Das drücken alle Gebote und Verbote aus, die ohne Einschränkung und Vorbehalt fordern: „Du sollst" oder: „Du sollst nicht!": Sie verweisen auf die Idee eines richtigen, menschengemäßen Lebens, können aber auch den Zwang einer übermächtigen transzendenten Autorität ausdrücken. Ethik fragt hier kritisch, ob es für derartige Forderungen eine vernünftige Begründung gibt und weist fragwürdige Absolutheitsansprüche zurück. Die großen Theorien der philosophischen Ethik – und hier ist vor allem Immanuel Kant zu nennen – wollen jedoch mehr: Auf der Basis menschlicher Selbstbestimmung formuliert Kant mit dem Kategorischen Imperativ einen Anspruch, dem jeder Mensch sein Leben unterstellen soll, unabhängig von Ort, Zeit und Kultur. Er fordert, die letzten Gesichtspunkte des eigenen Handelns nicht am privaten Wohl oder am Interesse der Familie, Sippe oder des eigenen Staates zu orientieren, sondern den Standpunkt der Menschheit einzunehmen (und wenn das schwierig oder unmöglich erscheint, wenigstens den Versuch dazu zu wagen).

Obwohl Kant noch heute eine Ausgangsbasis für ethische Überlegungen darstellt, wollen die meisten Universitätsphilosophen unserer Zeit von einem Anspruch auf Unbedingtheit in der Ethik nichts wissen: Unbedingtheit schmeckt ihnen nach Religion oder Metaphysik, und beides gilt als abgetan. Angesichts der oft widersprechenden Empfehlungen von hochrangig besetzten Ethikgremien haben Ethiker gewiss Grund, eigene Überlegungen zu relativieren. Aber was Kant mit seinem Kategorischen Imperativ auf den Punkt bringen will, ist etwas, für das man kein Philosophiestudium braucht, nämlich eine Intuition, die besagt: Es gibt Dinge, die ich unter keinen Umständen tun darf, bzw. die ich unter allen Umständen tun muss. Andernfalls werde ich allem untreu werden, für das mein Leben als das Leben einer menschlichen Person einsteht. Was die anderen denken, was mein eigener Nutzenkalkül mir sagt, was

Demonstration am 15. Oktober 2011 in Barcelona. An diesem Tag protestierten weltweit Menschen gegen die Macht der Finanzmärkte. Foto: PepPepet (www.wikimedia.org)

meine Leidenschaften, Sorgen und Ängste mir vorstellen, darf mich nicht daran hindern, unabhängig davon herauszufinden, was richtig und falsch ist, und entsprechend zu handeln: Niemand kann mich davon freisprechen, mich zu bemühen, das Entscheidende zu tun und das Verwerfliche zu lassen. Viele Widerstandskämpfer in der Zeit des Nationalsozialismus wussten das. Gewöhne ich mich an das Verwerfliche, so verliere ich mein Rückgrat, zurück bleibt ein – möglicherweise unheilbar – gebrochener Charakter. Letztlich geht es in der Ethik um die Übereinstimmung mit sich selbst, genauer gesagt: mit dem Menschlichen, das sich in jedem von uns meldet jenseits der Ansprüche der Privatperson, des besonderen Ich und des sozialen Umfeldes.

Versteht man Ethik von dieser Unbedingtheit her, mag sie als Überforderung erscheinen – allenfalls für Ausnahmemenschen und Ausnahmesituationen brauchbar. Aber bereits in der klassischen griechischen Philosophie hat Aristoteles zu zeigen versucht, dass das nicht stimmt: Das ganze Feld der menschlicher Beziehungen ist geprägt von ethischen oder moralischen Erwartungen, die wir an andere und andere an uns richten: Sinn für Gerechtigkeit, Kontrolle destruktiver Affekte, Wahrhaftigkeit, Zivilcourage, gesundes Urteilsvermögen in zwischenmenschlichen Dingen – das sind Einstellungen, die einem Menschen Charakter und Rückgrat verleihen und die zugleich den Umgang untereinander erleichtern – wenn man sie voraussetzen kann. Wo Menschen sich an den Ansprüchen der Ethik orientieren, haben sie wechselseitig Anlass, einander zu vertrauen. Gibt es dagegen Gründe zu Misstrauen, kann das Leben kompliziert, anstrengend und freudlos werden – Kontrollmechanismen werden notwendig, die aber stets ihre unerwünschte Eigendynamik entwickeln.

Die Paradoxie alles Ethischen besteht darin, dass es zugleich das Normalste von der Welt sein müsste und doch wie die seltenste Ausnahme wirken kann. Das ist schwer auszuhalten. Ganz unmöglich scheint es in der Wirtschaft. Wirtschaft ist der Bereich, wo Charakter offensichtlich nicht gefragt ist: Aller Erfolg

hängt davon ab, dass man sich den Anderen anpasst – den Kunden, den Kollegen und den Konkurrenten. Das bemerkt Rousseau schon 1750, wenn er die Zustände, die er mit der Wirtschaftsgesellschaft seiner Zeit aufkommen sieht, in folgenden Worten beschreibt: „Man musste sich um seines Vorteils willen anders zeigen, als man wirklich war. Sein und Scheinen wurden zwei völlig verschiedene Dinge. [...] Der Mensch, so frei und unabhängig er einst war, [ist] nunmehr durch eine ganze Reihe neuer Bedürfnisse sozusagen der ganzen Natur untertan, insbesondere seinesgleichen, deren Sklave er in gewissem Sinne wird: Ist er reich, so hat er ihre Dienste nötig, ist er arm, so hat er ihre Unterstützung nötig, und auch mäßiger Besitz setzt ihn nicht instand, ohne sie auszukommen. Er muss sie deshalb ständig für sein Schicksal zu interessieren suchen und sie ihren Gewinn wirklich oder scheinbar darin finden lassen, für den seinen zu arbeiten." (Rousseau 1750, 1970, S. 221.)

Der amerikanische Denker Henry David Thoreau, einer der Begründer der Lehre von gewaltlosem Widerstand gegen ungerechte Verhältnisse, spiegelt seine philosophische Existenz, die ihm finanziell so gut wie nichts einbrachte, in der Figur des Indianers, der all seinen Fleiß in die Anfertigung seiner Körbe hineinlegt und meint, damit sei es getan. Der Arme! Er bleibt auf seinen Körben sitzen, denn er hat das Entscheidende vergessen: dass er sie verkaufen, dass er das Begehren anderer auf sein Werk lenken muss. Sein Können reicht aus für die schönsten Körbe, aber es reicht nicht, sie zu vermarkten (vgl. Thoreau 1854, 1971, S. 31). Aber auch wenn er den Weg zum Markt (inklusive der Marktzulassung) finden würde, wäre er vielleicht nicht besser dran. Es könnte ihm gehen wie dem Besenbinder, der seine Besen einfach nicht loswird, während sein Nachbar einen nach dem anderen verkauft.

„Zwei Besenbinder boten nebeneinander feil in Hamburg. Als der eine schon fast alles verkauft hatte, der andere noch nichts, sagte der andere zu dem einen: 'Ich begreife nicht, Kamerad, wie du deine Besen so wohlfeil geben kannst. Ich stehle doch das Reis zu dem meinigen auch und verdiene gleichwohl den Tagelohn kaum mit dem Binden.' ,Das will ich dir wohl glauben, Kamerad', sagte der erste, 'ich stehle die meinigen, wenn sie schon gebunden sind.'" (Hebel 1812, S. 356)

1812, als Johann Peter Hebel von diesen „honetten Kaufleuten" berichtet, ist das Leben teuer, der Kaiser Napoleon hebt seine Grande Armée aus, die Russland erobern soll, überall werden Nahrungsmittel requiriert. Obwohl einer der beiden Besenbinder die Reiser aus den Wäldern „mitgehen" lässt, ohne sie zu bezahlen, verdient er sich mit dem Binden kaum das tägliche Existenzminimum, den Tagelohn. Aber Besen stehlen ist einträglicher als Besen binden. Der Dieb kann den Preis seiner Konkurrenten unterbieten und gut davon leben. Was aber würde ein Kantianer in Gestalt eines redlichen Besenbinders tun, wenn er in Konkurrenz mit den beiden anderen seine Besen anbieten müsste? Er hat anscheinend nur zwei Möglichkeiten: Entweder er spart sich den Weg zum Markt, da er zu dem Preis, den er für seinen Lebensunterhalt fordern müsste, ohnehin keinen Besen losschlagen wird. Dann geht es ihm wie dem Indianer bei Thoreau: Das Produkt ist gut, aber nicht konkurrenzfähig. Er wird ehrlich bleiben und mit den Seinen zugrunde gehen. Oder aber: Er verdrängt, was er bei Kant gelernt hat, und sucht legal und illegal Wege, um zu niedrigen Preisen verkaufen zu können, die mit denen des Besendiebs mithalten. – Dieser unmoralische Mechanismus funktioniert allerdings nur, wenn die Polizei versäumt, Besendiebstähle aufzuklären. Und er würde vielleicht auch stocken, wenn die Kunden nachdächten, wie die niedrigen Preise für die Besen wohl zustande kommen, und nicht mehr automatisch da kauften, wo es am billigsten ist.

Die Preise für nicht wenige unserer alltäglichen Produkte kommen unter ähnlich fragwürdigen Bedingungen zustande wie in Hebels Erzählung. Dass Fleisch in Deutschland so billig ist, liegt nicht zuletzt an der maschinenmäßigen Massentierhaltung, in der Hühner, Gänse, Schweine oder Rinder der Möglichkeit eines artgemäßen Lebens gänzlich beraubt sind. Textilwaren können zu niedrigsten Preisen verkauft werden, weil in manchen Herstellungsländern elementare Umwelt- und Sozialstandards missachtet werden, in den meisten Handys stecken Rohstoffe, die unter Bedingungen von Sklaverei oder extremer Ausbeutung abgebaut werden, und die Plastiktüte, aus Ölvorräten stammend, die, in Jahrmillionen gebildet, in Jahrzehnten aufgebraucht werden, wird, wenn sie nicht in die Verbrennungsanlage gerät, früher oder später vermutlich im Ozean oder in der Wüste landen, um dort langfristig zur Verschandelung und Zerstörung eines natürlichen Lebensraumes beizutragen.

Der Ehrliche ist der Dumme, lautete die Klage, die Ulrich Wickert in dem gleichnamigen Buch gut vermarkten konnte. So kennt die kleine Marktwirtschaft, die Hebel zeichnet, nur Unschuldige oder nur Schuldige: Alle machen mit, obwohl alle wissen, dass es nicht mit rechten Dingen zugeht. Ähnlich scheint es in der großen Weltwirtschaft. Ein einflussreicher Wirtschaftsethiker, Karl Homann, der erste Inhaber eines Lehrstuhls für Wirtschaftsethik in Deutschland, hat daher eine Wirtschaftsethik gefordert, die den wirtschaftlichen Akteur von Forderungen, wie sie sich aus einem Kantischen Ansatz ergeben, ausdrücklich entlastet, weil sie ihn völlig überfordern würden: „Das Grundproblem einer modernen Wirtschaftsethik besteht in folgendem Dilemma: Ein Unternehmen, das unter harten Wettbewerbsbedingungen aus moralischen Gründen kostenträchtige Vor- und Mehrleistungen erbringt, droht in Wettbewerbsnachteil zu geraten und langfristig sogar aus dem Markt ausscheiden zu müssen. Moral, die etwas kostet, ist im Wettbewerb unmöglich von einzelnen Akteuren zu realisieren." (Homann, S. 14)

Wenn der Mensch einmal im Wettbewerb steht – und für Homann ist Wettbewerb das Wesen der Wirtschaft – muss er sich den Spielregeln des jeweiligen Marktes entsprechend verhalten, alles andere wäre gleichsam ökonomischer Selbstmord. Homanns Lehre für die Wirtschaftsethik lautet: Der Preis für Unmoral muss hoch sein – etwa durch gesetzliche

Foto: alphaspirit (www.fotolia.de)

Regelungen und durchsetzungsfähige Instanzen des Rechtes. Will man, dass die Menschen besser handeln, so muss man dafür sorgen – in Hebels Fall etwa durch eine wirkungsvolle Sicherung von Besen oder durch eine effektive Aufklärung von Reisig- und Besendiebstahl – dass Unmoral teuer wird, denn dadurch wird der Anreiz zu moralischem Verhalten gesteigert. Und wirtschaftende Menschen, ja, vielleicht der Mensch überhaupt, sind anreizgesteuerte Wesen, wie Homann und seine Schule lehren.

Homann weist darauf hin, dass seine Wirtschaftsethik mit der Idee der liberalen Marktwirtschaft konform geht, die so organisiert ist, dass, wie schon Adam Smith wusste, das Streben nach individuellem Vorteil durchaus nützlich für die Allgemeinheit sein kann – technischer Fortschritt und effizientere Wirtschaftsorganisation sind nicht selten durch eigeninteressierte Akteure veranlasst worden, deren Ideen sich im Wettbewerb durchgesetzt haben. Und Homann ist keineswegs gegen Moral: Vielfach legt die Wettbewerbssituation selbst schon ein moralisches Verhalten nahe, in anderen Situationen können sich moralische oder moralisch getönte Vorleistungen Form von zusätzlicher Reputation und Glaubwürdigkeit für einen Anbieter auf dem Markt letztlich doch bezahlt machen, in wieder anderen ist es sinnvoll, dass sich verschiedene Wirtschafts-akteure auf einen Moralkodex einigen, dessen Einhaltung wirkungsvoll kontrolliert wird.

Es ist – im Sinne einer realistischen Einschätzung der menschlichen Verhältnisse – gut zu wissen, warum Menschen, statt die Kosten der Moral zu tragen, oft lieber den Weg der Unmoral wählen, und es ist gut, in sich selbst die entsprechenden Verführungen kennenzulernen und sich über seine eigenen Verhaltensimpulse keine Illusionen zu machen. Und es ist – politisch gesehen – gut, wenn man erkennt, wo es in den Gesetzen und Regeln einer Gesellschaft Anreize gibt, die systematisch dem Böswilligen Vor- und den Gutwilligen Nachteile bringen. Diese Erkenntnis ist besonders dann gut, wenn sie dazu motiviert, sich zu engagieren, damit solche Anreize durch bessere ersetzt werden. Auf globaler Ebene sind nicht wenige NGOs (Nicht-Regierungs-Organisationen) in ein solches Engagement für eine gerechtere Weltwirtschaftsordnung involviert.

Doch wenn die Wirtschaft nichts weiter ist als der Raum der Begegnung anreizgesteuerter rationaler Egoisten, die Moral nur unter Kosten-Nutzen-Aspekten betrachten, bietet sie, wie bereits Adam Smith, der von Haus aus Ethiker war, wohl bemerkte, ein wenig erfreuliches Bild. Es gibt eine trostlose Seite an der Wirtschaft, auf die Hebel hindeutet, und wenn man die Wirtschaft so nimmt, wie Homann sie sieht, ist sie wohl als ganze eine trostlose Veranstaltung trostloser Akteure. Denn wo moralische Gründe nur als kostenträchtige Vor- und Mehrleistungen verrechnet werden, ist nicht gut sein. Karl Marx hat diese Trostlosigkeit der Wirtschaft mit dem Ausdruck Entfremdung angesprochen. Entfremdung bedeutet, nicht bei sich zu sein und nicht zu sich kommen zu können. Er sah sie vor allem in den Verrichtungen der Arbeiter, die den Bewegungen des seelenlosen Maschinentaktes folgen, er sah sie aber auch im Geldvermehrungsreflex der Kapitalgeber, die ihm nicht wie selbstständig Handelnde, sondern wie Charaktermasken des Kapitals vorkamen. Entfremdung ist aber auch das Los aller, die im Betrieb (Unternehmen, Behörde, Krankenhaus etc.) stecken und nur nach den Regeln des Betriebs funktionieren, ohne sich zu fragen, ob es das ist, was sie eigentlich für ihr Leben wollten.

Eine wirtschaftskonforme Ethik wie die Homanns ist Ausdruck eines Geistes der heutigen Wirtschaft selbst: Dieser Geist gibt den Menschen ein: Gewöhne dich an Entfremdung, denn vielleicht ist sie dein Bestes – oder wüsstest du etwas Besseres, das nicht bloße Illusion wäre? Viele Spiele der Wirtschaft – zu denen nicht nur die Boni für Banker oder die hohen Gehälter und Abfindungen für Manager gehören – sind wie geschaffen für Menschen, die den Impuls, zu ihrem Tun von Herzen ja sagen zu können, verdrängt haben. Es sind in gewisser Weise bescheidene Menschen, die zufrieden sind, mitspielen zu dürfen, sich ohne schlechtes Gewissen nach äußeren Anreizen wie Geld und Karriere zu richten und dabei ihren Schnitt zu machen. Aber sie sind zu bescheiden, wenn sie sich daran gewöhnen, auf sich selbst zu verzichten. Es tut nicht gut, wenn man sich vor sich selbst und anderen rechtfertigt, man könne nicht anders, der Wettbewerb sei nun einmal so. Von echten Notsituationen abgesehen ist es ein Zeichen davon, dass man sich selbst aufgegeben hat, wenn man auf Moral verzichtet, sobald „etwas kostet". Kostenlose Moral ist wie Leben ohne Anstrengungen, Hindernisse und Widerstände – man wünscht es sich in schwachen Stunden und weiß doch, dass es eigentlich kein Leben wäre.

Aber was wäre die Alternative? Kant ahnte vielleicht schon etwas vom Geist der heutigen Wirtschaft, als er unter den verschiedenen Formulierungen seines Kategorischen Imperativs unter anderem die folgenden fand: „Handle so, dass du die Menschheit sowohl in deiner Person, als auch in der Person eines jeden anderen jederzeit zugleich als Zweck, niemals bloß als Mittel brauchest." Vereinfacht gesagt: Lass dich nicht zum Instrument machen und instrumentalisiere niemand anders. In der Wirtschaft aber arbeitet jeder für die Bedürfnisse anderer, für die er sich nützlich macht. Unter dem ökonomischen Blick werden alle zu Instrumenten aller anderen. Die Gefahr besteht, dass diese

Seite der Wirtschaft verabsolutiert wird: Das ist die Entfremdung, dass den Menschen alles und sie selber zum Mittel werden – die Zwecke werden beliebig und sinnleer.

Für Kant kommt es darauf an, dass niemand „bloß als Mittel" gebraucht wird. Das schließt nicht aus, dass die Person Kant, die sich vom Schneider einen Gehrock zumessen lässt, den Schneider auch als Mittel zu ihrer Bedürfnisbefriedigung braucht. Der ökonomische Blick auf Menschen und Dinge ist legitim, aber er darf sich nicht verselbständigen, er muss eingebunden sein in eine umfassende liebevolle Perspektive auf das Leben – das eigene wie das der anderen. Das wäre vielleicht die erste Aufgabe einer Wirtschaftsethik: dazu beizutragen, den ökonomischen Blick zu durchschauen – in seiner Unvermeidlichkeit, aber auch in seiner Tendenz, sich zu verabsolutieren. Insbesondere in sich selbst diesen Blick zu durchschauen ist ein Teil von Selbsterkenntnis. Wirtschaftsethik wäre dann: die Wirtschaft als eine Macht im menschlichen Leben kennenzulernen, die, wie alle Mächte (Recht, Politik, Wissenschaft) dazu tendiert, den Menschen einseitig zu formen und sich zu verabsolutieren, und sich, ist diese Macht in ihrer Eigengesetzlichkeit einmal erkannt, darin zu üben, von ihr frei zu werden. Je mehr Menschen sich in dieser Freiheit üben, desto besser wird die Wirtschaft, die ja immer schon, trotz aller Symptome der Entfremdung, der Bereich ist, worin Menschen sich durch wechselseitigen Tausch gegenseitig mit den Dingen und Diensten versorgen, die sie zum Leben brauchen.

Ich glaube, dass es darüber hinaus keiner besonderen Wirtschaftsethik bedarf: Was die Ethik fordert, was eine vernünftige Moral unter allen Umständen verlangt, ob in der Ehe und Familie oder in der Wirtschaft, ob im Leben einer Politikerin, eines Journalisten, einer Wissenschaftsmanagerin oder eines Soldaten, ist in gewisser Weise für uns gebrechliche Menschen immer eine Überforderung. Alle Riten der großen Religionen, die es mit Schuldbekenntnis, Vergebung und Umkehr zu tun haben, antworten darauf, dass Ethik Überforderung ist. Aber – und das lässt sich von Kant lernen – lieber unter dem überfordernden Anspruch der Ethik stehen, aus dem sich in seiner Unbedingtheit die Stimme des Absoluten vernehmen lässt, die uns würdigt, sie zu hören, als im anspruchslosen Einklang mit den Gesetzen der Wirtschaft das Gefühl für ein Leben zu verlieren, das alles andere als bloßes Mittel sein will.

Literatur
Hebel, J. P. (1812): Zwei honette Kaufleute, Kalenderbeitrag aus dem Jahr 1812 aus dem „Rheinischen Hausfreund", zitiert nach: Schatzkästlein des Rheinischen Hausfreundes von Johann Peter Hebel, Nachdruck der Ausgabe von 1811 sowie sämtliche Kalendergeschichten aus den Jahren 1808-1819, hg. v. Jan Knopf, Frankfurt a. M., Insel
Homann, K.: Individualisierung. Verfall der Moral?, in: Aus Politik und Zeitgeschichte B 21/97 (vgl. den Artikel Karl Homann aus Wikipedia)
Kant, I. (1968): Grundlegung zur Metaphysik der Sitten, hg. v. Wilhelm Weischedel, Suhrkamp Verlag, Frankfurt a. M., 1968
Manstetten,R. (2000): Das Menschenbild der Ökonomie. Der homo oeconomicus und die Anthropologie von Adam Smith. Freiburg, Karl Alber Verlag
Manstetten, R. (2007): Wirtschaft und Menschenwürde. In: Faber M. und Manstetten, R.: Was ist Wirtschaft? Von der Politischen Ökonomie zur Ökologischen Ökonomie. Freiburg, Verlag Karl Alber
Rousseau, J. – J. (1750, 1970): Abhandlung über den Ursprung und die Grundlagen der Ungleichheit zwischen den Menschen, übers. v. K. Weigand, Hamburg, Felix Meiner Verlag
Thoreau, H. D. (1854, 1971): Walden oder Leben in den Wäldern, übers. v. Emma Emmerich u. Tatjana Fischer, Diogenes, München 1971

Reiner Manstetten
P. D. Dr., Lehrer für christliche Kontemplation in verschiedenen Klöstern und Bildungshäusern, Lehraufträge an verschiedenen Universitäten. Gegenwärtige Forschungsinteressen: philosophische Mystik, kontemplative Bibelauslegung, Wirtschaft und Religion, Wirtschaftsethik, Ökologische Ökonomie.

Die 48 Gesetze der Macht (21-48)

Gesetz 21: Gib dich dümmer als dein Opfer.

Gesetz 22: Ergebe dich zum Schein: Verwandle Schwäche in Stärke.

Gesetz 23: Konzentriere deine Kräfte.

Gesetz 24: Spiele den perfekten Höfling.

Gesetz 25: Erschaffe dich neu.

Gesetz 26: Mache dir nicht die Finger schmutzig.

Gesetz 27: Befriedige das menschliche Bedürfnis, an etwas zu glauben, und fördere einen Kult um deine Person.

Gesetz 28: Packe Aufgaben mutig an.

Gesetz 29: Plane alles bis zum Ende.

Gesetz 30: Alles muss ganz leicht aussehen.

Gesetz 31: Lass andere mit den Karten spielen, die du austeilst.

Gesetz 32: Spiele mit den Träumen der Menschen.

Gesetz 33: Für jeden gibt es die passende Daumenschraube.

Gesetz 34: Handle wie ein König, um wie ein König behandelt zu werden.

Gesetz 35: Meistere die Kunst des Timings.

Gesetz 36: Vergiss, was du nicht haben kannst. Es zu ignorieren ist die beste Rache.

Gesetz 37: Inszeniere packende Schauspiele.

Gesetz 38: Denke, was du willst, aber verhalte dich wie die anderen.

Gesetz 39: Schlage Wellen, um Fische zu fangen.

Gesetz 40: Verschmähe das Gratisangebot.

Gesetz 41: Trete nicht in die Fußstapfen eines großen Mannes.

Gesetz 42: Erschlage den Hirten, und die Schafe zerstreuen sich.

Gesetz 43: Arbeite mit Herz und Geist der anderen.

Gesetz 44: Halte anderen einen Spiegel vor.

Gesetz 45: Predige notwendigen Wandel, aber ändere nie zuviel auf einmal.

Gesetz 46: Sei nie zu perfekt.

Gesetz 47: Schieße nie über das Ziel hinaus. Der Sieg ist der beste Zeitpunkt zum Aufhören.

Gesetz 48: Strebe nach Formlosigkeit.

Die Weite und Tiefe der Seele
und die Macht der inneren Bilder

Ich kann nur in tiefster Bewunderung und Ehrfurcht anschauend stille stehen vor den Abgründen und Höhen seelischer Natur, deren unräumliche Welt eine unermessliche Fülle von Bildern birgt, welche Jahrmillionen lebendiger Entwicklung aufgehäuft und organisch verdichtet haben.

Mein Bewusstsein ist wie ein Auge, das fernste Räume in sich fasst, das psychische Nicht-Ich aber ist das, was diesen Raum unräumlich erfüllt.

Und diese Bilder sind nicht blasse Schatten, sondern mächtig wirkende seelische Bedingungen, die wir nur missverstehen, aber niemals durch Leugnung ihrer Macht berauben können.

Neben diesem Eindruck vermöchte ich nur noch den Anblick des gestirnten nächtlichen Himmels stellen, denn das Äquivalent der Welt innen ist nur die Welt außen, und wie ich diese Welt durch das Medium des Körpers erreiche, so erreiche ich jene Welt durch das Medium der Seele.

(C. G. Jung, zit. n. J. Jacobi: Mensch und Seele, S. 66)

Wellen, Wind und kleine Wunder

Urkraft der Natur

Sabine Streitel

Foto: Kinka Tadsen, Amrum

Unbeherrscht und heilend. Auf der kleinen Nordseeinsel Amrum kommen Körper und Geist mit der rauen und sanften Seite der Natur in Einklang.

„Haltet die Hand ins Wasser. Spürt ihr die Strömung?", der braun gebrannte Wattwanderer streckt die Hand unter die Wasseroberfläche. „Verlasst euch nicht auf das Gefühl. Nicht im Meer", warnt er die Gruppe, die er an einem warmen Juniwochenende von Amrum nach Föhr führt. Übers Wasser. Mit über 40 Urlaubern jeden Alters steht er mitten in einem sogenannten Priel – ein kräftiger Strom, der durchs Wattenmeer verläuft. „Ihr spürt lediglich die windabhängige Oberflächenströmung. Erst weiter unten, an euren Füßen, läuft die eigentliche Meeresströmung, viel kraftvoller, gezeitenabhängig", holt er aus. Und tatsächlich, die kleinen Wellen laufen nach links, doch die Tiefenströmung zieht nach rechts. Zwei

Stunden dauert die Wattwanderung. Noch vor wenigen Minuten wäre sie undenkbar gewesen. Nur die Kraft der Strömung macht es möglich, dass die Gruppe gerade dort steht, wo eben noch Fährschiffe fuhren. Eine Naturgewalt, die den Menschen von Nutzen ist, die in den Sommermonaten zum Spaß von Nordseeinsel zu Nordseeinsel laufen wollen.

Entwurzelte Bäume, trocken gelegte Äcker, Orkanböen oder haushohe Wellenberge – Naturgewalten können bekanntermaßen ebenso zerstörerisch sein. Unkalkulierbare Elemente, gefährlich, natürlich. Die letzte, von Menschen nicht kalkulierbare Bastion. Die Nachrichten sind voll davon. Kräftig bläst auch der Wind auf Amrum. Manchmal von Süden, öfter von Norden, doch der schneidende Wind kommt von Osten. Orkanstärke erreicht er jedoch so gut wie nie. Vier Windstärken sind schon kräftig für jemanden, der vom Festland kommt.

Foto: Kinka Tadsen, Amrum

Wie die Nicht-Amrumer gerne genannt werden. Surfer und Kiter schätzen die idealen Windbedingungen. Das ganze Jahr. In milden Wintern sieht man die voll ausgerüsteten Sportler auch mal an Weihnachten die kalorienreiche Gans abtrainieren. „Vier Windstärken sind so der Durchschnitt", erzählt Reinhard Boyens, Wattwanderer und Strandkorbvermieter auf Amrum. Er muss es wissen. Bei jedem Wetter ist er der Erste, der morgens am kilometerlangen Sandstrand steht und prüft, was Wind und Wellen angetrieben und ebenso angerichtet haben. Europaletten, Pfähle, Schiffsplanken, Bojen ebenso wie Obst und Gemüsekisten liegen immer wieder über den Strand verteilt. Windgut, wenn man es so nennen will, das von Containerschiffen herabgespült und weitergeweht wurde. „Vor Kurzem", erzählt Boyens „trieben Hunderte Tommy-Hilfiger-Designerschuhe an". Er war es auch wieder, der sie um fünf Uhr morgens fand.

Die Wattwanderer stehen auf dem Meeresboden. Abgesehen von einigen algenreichen, schlickigen Stellen reibt feiner Sandstrand die Fußsohlen weich, während das kalte Wasser der Nordsee an den Beinen zieht, klar und kräftig. Ein Zustand, mit dem man auch den Geist beschreiben kann. Meditative Stimmung stellt sich ein, keiner spricht. Endlose Weite bereinigt auch den letzten mitgenommenen Gedanken. In Sichtweite sieht man nur ein paar Punkte, die Halligen und einige dickbäuchige Seehunde, die mit der Strömung treiben. „Fühlt mit den Füßen. Zieht das Wasser an euch, spürt ihr die Ebbe. Schiebt euch das Wasser, kommt die Flut." Es scheint also zu ebben. Möwen fliegen knapp über der Wasseroberfläche auf der Suche nach Nahrung. Lange müssen Sie nicht suchen. Das Wattenmeer versorgt sie reichlich mit Würmern und sonstigem Kleingetier. Ein Naturschauspiel, wie man es europaweit kaum noch bewundern kann.

Was Amrum für Naturliebhaber zu einem gehüteten Schatz macht: Die kleine Insel, die zwischen Sylt und Föhr liegt, bietet viele Landschaften auf einem kleinen Flecken Erde. Zu einem Drittel aus Naturschutzgebiet bestehend und zu einem weiteren Drittel aus Landschaftsschutzgebiet, umfasst Amrum gerade einmal 30 Quadratkilometer. In acht Stunden kommt man einmal um die Insel herum, zu Fuß wohlgemerkt. Ein Marsch, den allerdings nur Geübte schaffen. Feiner Sandstrand, Dünen- und Heidetäler, Wald und Salzwiesen überquert der Läufer, der sich eine Amrumumrundung vorgenommen hat. Kein Wunder also, dass das Wattenmeer und seine Umgebung zum Weltnaturerbe erklärt wurden. Ein schwimmendes Biotop, wenn man es so nennen will, das jährlich Menschen lockt, die schwimmen, Rad fahren, laufen, wandern oder einfach nur atmen und sein wollen.

Eine Stunde darf die Wattwanderung noch dauern. Dann flutet es, und es heißt schwimmen. Doch nun liegt die Nachbarinsel Föhr weniger als hundert Meter entfernt, ein sicheres Gefühl, das der Naturkundler sogleich gerade rückt: „Denke nie, dass das Wasser vor- und zurückläuft. In Wirklichkeit spürst du den Mond. Er ist es, der das Wasser lenkt. Es reicht", erklärt der Amrumer weiter, „wenn du dich beim Baden strikt an die Badezeiten hältst. Dann bist du auf der sicheren Seite."

Auf Amrum, das wissen Gäste und Einheimische, steht der rauen See und dem kräftigen Sturm jedoch eine weitere Kraft der Natur im Zentrum: ihre heilende. Ja, hier hat die Natur auch eine sanfte Seite, eine gesundende. Nährend, klärend, beruhigend. Jodhaltige Luft lässt angegriffene Bronchien im wahrsten Sinne des Wortes aufatmen, es herrscht das sogenannte Reizklima. Wer will, kann Reizklima natürlich so und so verstehen. Für die einen ist es eine schwierige Arbeitsatmosphäre im Büro. Für die anderen – was der Ausdruck natürlich wirklich meint – ist es ein Trip an die See, vornehmlich die Nordsee, ein Klimawechsel. Anregende wie erholsame Frischluft für Geist und Körper. Eine Tatsache, die selbst die ansässige Hebamme Antje Hinrichsen zu spüren bekommt, wenn sich schwangere Frauen dem Klimawechsel unterziehen. Drei Touristengeburten hat die Amrumerin auf dem Wege schon verzeichnet. „Viel zu früh" kamen die Kinder alle. „Nicht alle Schwangeren spüren das Reizklima, doch für manch eine bedeutet das dann den vorzeitigen Abbruch der Ferien."

Normalerweise allerdings treibt der Klimawandel gerade Ersturlaubern in den ersten drei Tagen die Müdigkeit in die Augen und regt den Appetit an. Doch damit nicht genug: Wer sich auf Amrums Kraft der Natur einlässt, findet auf einer der nördlichsten Ecken Deutschlands auch eine Heilung des Geistes. „Wenn mein Kopf voll ist", erzählt Reinhard Boyens, „gehe ich an den Strand und alles ist wirklich wie weggeblasen." Eine Erfahrung, die mehrmals im Jahr wiederkehrende Urlauber vom ersten Tag an spüren – und genießen. „Die ungebrochene Weite klärt meinen Geist, lässt mich zur Ruhe kommen, mich klarer denken", betont einer, der es wissen muss. Reinhard Boyens entstammt der alt eingesessenen Amrumer Boyens-Familie, die schon seit über hundert Jahren die Insel bewohnen.

Schlechtes Wetter kennt man auf Amrum nicht. Der altbekannte Satz „... es gibt nur schlechte Kleidung" findet hier Anwendung. Gestresste Familienväter, lebenshungrige Senioren, Naturliebhaber und deren Kinder, sie alle finden auf Amrum, was sie sonst so direkt nirgendwo haben: die unberührte Natur. Wo sonst misst die breiteste Stelle des Strandes zwei Kilometer. Sodass selbst in der Hochsaison keiner dem anderen am Strandkorb über die Füße steigt. Ein weitaus bedeutender Aspekt: Wo sonst können scheue Meeresvögel unbeobachtet nisten, brüten, leben. Amrum ist die vogelreichste Nordseeinsel. „Der Vogel ist längst zum Indikator für eine gesunde Natur geworden", weiß auch Georg Quedens anzumerken, ortsansässiger Historiker und Autor zahlreicher Publikationen. „Dort, wo sich der Vogel aufhält, ist alles im Lot." Im Frühjahr beobachtet nicht nur Herr Quedens, wie Eiderenten ihre Jungen von den Dünen zu den Salzwiesen führen. Raubvögel sind nämlich die einzigen Feinde in diesem friedlichen Naturschauplatz. Nicht etwa Autos.

Vielleicht würde sich der eine oder andere Wanderer durch das Watt gerade ein Taxi wünschen. Die letzten Meter teilen die Gruppe in zwei Hälften. Sportler halten dem Tempo des trainierten Wattführers stand, die anderen haben es weniger eilig und genießen noch die Atmosphäre. Ein Fährschiff wird die müde Meute gleich versorgen und wieder nach Amrum zurückbringen. Zurück an einen Ort, der ins Innere führt. Oder zumindest den Weg bereitet.

Sabine Streitel
lebt und arbeitet als freie
Journalistin auf Amrum.

Die Bremer Stadtmusikanten

Ruhestand – Gott sei Dank!

Kathrin Asper

Ruhestand, wie es in Deutschland heißt – ist ein schönes Wort. Ich ziehe es Pensionierung, Alter, Rentendasein vor. Den „Unruhestand" mag ich nicht, von dem viele Ältere als graue Panther, fit, gesund, von Feriendomizil zu Feriendomizil eilend, von Einsätzen zu Versammlungen und Sitzungen hetzend, stolz ob ihrer Unabkömmlichkeit und ihrem Immer-noch-Gebrauchtwerden atemlos berichten.

Ruhestand betont Ruhe, Muße, Zeithaben ebenso wie Stand, Stille, Stillstand. Stillstand bedeutet aber nicht etwa, dass keine Entwicklung mehr stattfände, indes geht diese weniger in

Foto: H. Koppdelaney (www.flickr.com)

die Breite, denn in die Tiefe und Höhe, in eine Freiheit, die sich aus dem Bleiben, der Dauer und der geruhsamen Wiederkehr des Gleichen ergibt. Freiheit, in welcher man gräbt, wo man steht, wo man nach einem langen Leben angekommen ist.

„Grabe, wo du stehst", sagt der Chinese und das heißt wohl, sich in körperlicher und örtlicher Beschränkung einrichten, einverstanden sein, dass soziale Kontakte weniger werden, manches als zu anstrengend empfunden wird und heiter die Dinge wenden und entwickeln, die einem geblieben sind.

Ruhestand – Gott sei Dank! So kann es werden, und wie das geschieht, zeigen uns die „Die Bremer Stadtmusikanten" in der Geschichte, die an Fabel, Sage und Schwank erinnert und sich gleichwohl in den Grimm-Märchen (KHM 27) vorfindet.

Vier Tiere sind alt geworden, ihre Besitzer und Arbeitgeber wollen sie nicht mehr. Es sind dies der Esel, der Hund, die Katze und der Hahn.

Der Esel soll „aus dem Futter geschafft werden", er ist gebrechlich und alt geworden und taugt nicht mehr. Er will das nicht und macht sich auf nach Bremen, um Stadtmusikant zu werden. Auf seinem Weg trifft er auf die anderen drei Tiere und kann sie bewegen, mit ihm zu ziehen. Unter seiner Leitung wollen es die vier Tiere noch einmal wissen, denn „etwas Besseres als den Tod" lässt sich überall finden.

Der Esel hat ein Leben lang Lasten getragen, funktioniert, i-ah, i-ah, ja, ja gesagt und getan, was man ihm abverlangte. Er merkt, „dass kein guter Wind wehte", er spürt, dass andere ihn für alt halten und er kommt seinem Herrn, „der ihn aus dem Futter schaffen will" zuvor.

Der Esel stellt unsere arbeitswillige Seite dar, er macht und tut, lässt sich einspannen und funktioniert jahraus, jahrein und freut sich auf die Pensionierung. Doch nicht selten fällt er dann in ein Loch, weil er es nicht gewohnt ist, sich selber zu strukturieren und nicht weiß, wie die freie Zeit auszufüllen ist, weil er seine Natur und Neigungen wenig kennt.

Anders unser Esel, er weiß wohin: nach Bremen! Doch davon später!

Wenn wir unserem Leistungsanspruch nicht mehr genügen, nicht mehr schnell genug und körperlich reduzierter sind, dann sollten wir nicht resignieren und uns hängen lassen und den guten alten Zeiten nachtrauern. Tun wir das, werden wir alt, grau, depressiv und laufen die Gefahr, dem Altersstarrsinn zu verfallen. Es geht darum, den Konflikt mit dem inneren „Antreiber" und seinen Maßstäben zu wagen und sich davon weg zu bewegen. Unser Über-Ich, wie es von der Psychoanalyse genannt wird, altert nämlich nicht, es ist an uns, das Älterwerden anzunehmen und freudig nach Bremen aufzubrechen. – Manche peitschen sich indes weiter und können nicht annehmen, dass sie nicht mehr so viel mögen und vielleicht auch allmählich das Interesse verlieren. Sie haben Mühe zu begreifen, dass die Seele etwas anderes braucht.

Was die Seele braucht, ist, allgemein gesagt, eine Ausrichtung auf das Ende. Diesen individuellen und privaten Weg geht man alleine, abseits der Öffentlichkeit. Er bedeutet Einkehr, Ankommen, Aussöhnung, Einverständnis, Loslassen, Bilanz und bei vielen religiöse Ausrichtung. Die leistungsorientierte Haltung wird allmählich abgelöst von einer auf die Transzendenz ausgerichteten Blickrichtung. Wir fragen uns, wie sieht unser bisheriges Leben in Bezug auf die Ewigkeit aus. Was hat Bestand, wie verhält es sich mit unserem Scheitern, unserer Lebensschuld?

Doch zurück zur Geschichte! Unterwegs trifft der Esel auf den Hund, der totgeschlagen werden soll, weil er alt und schwach ist und zur Jagd nicht mehr taugt. Er lässt sich vom Esel überzeugen und geht mit nach Bremen. Der Hund ist unsere Hundeseite, die bei Gefahr angibt, unsere Grenzen verteidigt und auf der Jagd die Beute treibt und ortet. Manche Hunde kläffen auch, für nichts und wieder nichts. Ein Leben lang haben wir versucht unser Terrain zu verteidigen, Beute zu machen und haben uns in Diskussionen hineingehängt und gebellt, wo es nicht unbedingt erforderlich war. Auch das nutzt sich im Alter ab und er geht mit nach Bremen.

Die zwei treffen auf die Katze, die ist alt geworden, hat stumpfe Zähne, sitzt lieber hinter dem Ofen, statt zu mausen. Sie jammert und beklagt

Malerei von Schülern auf einem Stromkasten in Bremen. Foto: Harald Bischoff (www.wikimedia.org)

macht

ihr Schicksal, lässt sich aber überzeugen, mit nach Bremen zu gehen. Unsere Katzenseite versteht sich aufs Jammern, sie hat es gerne warm und bequem. Sie ist aber auch gerne frei und ungebunden und kann das Mausen nicht lassen. Von den vier Tieren merkt sie noch am ehesten, dass sie alt wird, und kann dem Ruhestand hinter dem Ofen durchaus angenehme Seiten abgewinnen. – Als Katze haben wir gemaust, waren auf Vorteile aus, haben listig Chancen gepackt und auch Beute gemacht in Form von Schnäppchen und als Schlitzohre manchen Vorteil ausgenutzt.

Als Vierter im Bund kommt der Hahn hinzu. Er soll am folgenden Sonntag den Gästen als Suppe vorgesetzt werden. Auch er lässt sich für Bremen begeistern. Der Esel überzeugt ihn mit den Worten „etwas Besseres als den Tod findest du überall" und so geht der Hahn mit. Bislang hat er das Wetter prophezeit und Ton angegeben im Hühnerhof. Als Gockel war er eitel und wusste sich immer herauszuputzen und in Szene zu setzen. Wir kennen diese Seiten an uns: wetterwendisch, optimistisch und narzisstisch!

Nun sind sie also weiter unterwegs, kommen in einem Tag nicht nach Bremen und übernachten bei einem Baum im Walde. Der Hahn fliegt auf die Spitze des Baumes und sieht ein Lichtlein in der Ferne. In der Annahme, es sei ein Haus, mahnt der Esel zum Aufbruch und richtig: Sie kommen an ein hell erleuchtetes Räuberhaus. Der Esel als der Größte guckt durchs Fenster und sieht die Räubergesellen an einer üppig gedeckten Tafel prassen. Nun kommen sie überein, die Räuber hinauszujagen. Dafür stellt der Esel seine Füße aufs Fensterbrett, der Hund steigt ihm auf den Rücken, die Katze klettert auf den Hund und der Hahn fliegt der Katze auf den Kopf. Dann setzt jeder seine Stimme ein und sie machen eine fürchterliche Musik und lassen sich durch das Fenster stürzen, dass die Scheiben klirren. Die Räuber fahren auf, glauben, es sei ein Gespenst und fliehen in großer Furcht.

Nun machen sich die Vier über das Essen her und tafeln höchst vergnügt. Dann legen sie sich zum Schlafen nieder, ein „jeder nach

Die Bremer Stadtmusikanten. Postkartenserie nach dem Märchen der Brüder Grimm von O. Herrfurth (www.wikimedia.org).

seiner Natur und Bequemlichkeit" und schlafen satt und müde sofort ein. Doch ein Räuber kehrt zurück, denn so leicht will man sich nicht ins Bockshorn jagen lassen. Die feurigen Augen der Katze hält er für glühende Kohlen und will ein Schwefelholz daran anzünden. Die Katze springt ihm ins Gesicht und kratzt. Er will nur noch fort, doch der Hund, der beim Ausgang liegt, beißt ihn ins Bein, und wie er beim Miststock vorbeilaufen will, versetzt ihm der Esel einen tüchtigen Schlag mit dem Hinterfuß. Der Hahn, vom Lärm schließlich wach geworden, ruft „Kikeriki".

Nun läuft der Räuber um sein Leben und erzählt seinem Hauptmann, im Hause sitze eine Hexe, wohne ein Ungetüm, ein Mann mit einem Messer und auf dem Dach sitze der Richter, der nach dem Schelm rufe. – Fortan trauen sich die Räuber nicht mehr ins Haus und den Bremer Musikanten gefällt es da so sehr, dass sie bleiben. Nach Bremen sind sie nie gekommen.

Die vier Wandergesellen brechen also ins Räuberhaus ein. Es ist eines, im Alter nach neuen Ufern aufzubrechen und sich dem Älterwerden nicht zu ergeben. Etwas anderes ist es indes, sein eigenes Haus zurückzuerobern, ins eigene Haus einzubrechen. So kann man nämlich die Geschichte verstehen: Esel, Hund, Katze und Hahn sind Seiten von uns, die wir im Leben und Beruf gut gebrauchen konnten, mit ihnen konnte man erfolgreich werden. Doch sie sind auch Räuber: das ständige Lastentragen, die ruhelose Verteidigung des eigenen Territoriums, die Jagd nach Beute, der Hang zum Wohlfühlleben und schließlich der Opportunismus und die Eitelkeit. Das sind die Eigenschaften, die wir den vier Tieren zugeschrieben haben. Genau diese Eigenschaften sind es auch, die allmählich zu Räubern werden, Raubbau mit uns treiben. Sie lassen uns vergessen, dass wir älter werden und die Seele etwas anderes braucht als rastloses Streben nach Mehr, Erfolg und Anerkennung.

Um es nochmals deutlich zu sagen, die Räuber sind die Kehr- oder Schattenseiten der nützlichen Eigenschaften der vier Tiere. Im Vollzug unseres Daseins erkennen wir sie nicht, wir meinen, es gehe für immer so weiter. Diese Kehrseiten leben als Räuber im Wald, im Verborgenen, lassen es sich gut gehen und häufen Reichtum und Besitz an. Doch dieser Lebensperspektive kann nicht unendlich nachgelebt werden. Wir werden älter und anderes will sich einstellen.

Im Teresa von Avila (1515-1582) zugeschriebenen „Gebet einer Äbtissin" wird klar und deutlich ausgedrückt, was Alter und Ruhestand von uns fordern, was die Seele braucht, ums sich auf das Ende auszurichten. Es geht um das Sichzurücknehmen, um Zufriedenheit, um Zähmung typischer Alterseigenheiten, um Anerkennung Jüngerer und Zuneigung für sie.

Unschwer erkennen wir in diesem Gebet auch Aspekte der vier Tiere: den Esel, der die

Gebet einer Äbtissin

*Herr, du weißt besser als ich,
dass ich älter und – eines Tages – alt sein
werde.*

*Bewahre mich vor der schrecklichen
Gewohnheit, zu jedem Thema und zu jedem
Anlass etwas sagen zu müssen.*

Erlöse mich von der Lust, die Angelegenheiten anderer in Ordnung bringen zu wollen.

Lass mich beschaulich – aber nicht verdrießlich werden; hilfsbereit aber nicht despotisch.

*Bei meinem gegenwärtigen Reichtum an
Weisheit scheint es mir ewig schade, ihn nicht
ganz anzuwenden, aber du weißt ja, Herr,
dass ich mir schließlich ein paar Freunde
erhalten möchte.*

*Bewahre meinen Geist vor der Aufzählung
endloser Einzelheiten. Lehre mich schweigen über meine Schmerzen und Leiden. Sie
nehmen zu, und die Lust, sie zu beschreiben,
wächst von Jahr zu Jahr.*

*Erhalte mich so angenehm wie möglich;
Ich will keine Heilige sein,
– es lässt sich mit manchen von ihnen so
schwer leben – aber ein grantiger Mensch ist
das Krönungswerk des Teufels.*

*Verleih mir die Gabe, an unerwarteter Stelle
Gutes und bei Menschen unvermutete Talente
zu entdecken.*

*Und lass mir die Gnade zuteil werden, Herr,
es Ihnen auch zu sagen.*

(Teresa von Avila)

macht

Angelegenheiten anderer in Ordnung bringt, den Hund, der zu jedem Thema und Anlass etwas sagen muss, die Katze, die lustvoll ihre Leiden beschreibt und den Hahn, der ständig seine Weisheit ausposaunen muss.

Ich greife den Faden wieder auf und frage, was das Einbrechen ins eigene Haus noch bedeuten kann. Das Haus ist unsere Gewordenheit gemäss der Art, wie wir gebaut sind. Dieses Haus steht im Wald, ist also nicht so sichtbar. Es ist wichtig, dass wir im Alter unserer selbst noch mehr bewusst werden. Das bedeutet auch Aussöhnung mit uns selber und unserem Lebensgang, mit Irrungen, Wirrungen, Unterlassungen und Schuld. Zufrieden werden mit sich selber, Annehmen, wie es war und immer zu wissen, dass nicht alles so war, wie wir es wünschten, manches durch eigene Beschränkung und Torheit falsch lief.

Und weiter bedeutet dieser Lebensabschnitt, das Ich hintan treten zu lassen, weniger wichtig zu nehmen und anzuerkennen, dass daseinsbestimmende Kräfte unser Ich leiteten und es mehr gibt als allein unsere Entscheidungen, dass wir aufgehoben sind in einem größeren Ganzen. In diesem Sinne bedeutet der Einbruch ins eigene Haus Rückverbindung mit der Transzendenz, in welcher Ausformung auch immer der Einzelne diese lebt.

Den vier Tieren gefällt es sehr gut im Haus im Wald, ein jedes lebt hier „nach seiner Natur und Bequemlichkeit" und sie zehren von dem, was die Räuber als ihr Schatten angesammelt haben. Das ist nicht allein unsere Rente, die uns den Ruhestand erlaubt, das bedeutet auch die Summe unserer hellen und dunklen Erfahrungen.

Doch allzu bequem dürfen die Vier nicht werden. Denn ein Räuber kehrt zurück und es besteht die Absicht, das Haus nicht kampflos zu überlassen. Nun ergeht es den Tieren ähnlich wie in der Geschichte über die zurückkehrenden Dämonen (Matth.12, 43 ff):

Man hatte einen bösen Geist aus dem Hause vertrieben, putzte und schmückte es und dekorierte es mit Geranien. Der böse Geist wanderte weg, aber wo er hinkam, gefiel es ihm nicht und er dachte: Ich geh' wieder zurück und nehme gleich noch sieben andere mit und sie kehrten wieder heim! Die Schattenseiten unserer Lebensdevisen – wie arbeiten, ein Ziel anvisieren, Erfolg haben und sich daran freuen – als Räuber zu erkennen, erfordert Achtsamkeit. Wie leicht ist es doch, sie wieder einzuladen, weil man das Haus im Wald – die Beschränkung auf das Wesentliche – nicht aushält.

Die Zeit zu füllen ist nicht einfach, denn Langeweile stellt sich ein und es dauert eine geraume Zeit, bis die Umstellung erfolgen kann. Es gelingt aber, den zurückkehrenden Räuber zu vertreiben und von nun an bleiben die Bremer Stadtmusikanten im Haus im Wald und wollen nicht schon wieder weiter ziehen.

Nach Bremen sind sie nicht gekommen. Das Licht, die Erlösung, die Auferstehung sind im Jenseits. Wir leben noch auf dieser Erde, nicht im Himmel, wir sind auch im Alter noch unterwegs, Bremen liegt immer vor uns. Utopien erfüllen sich nicht, aber sie haben den Sinn, uns in Bewegung und lebendig zu halten.

Im Alter in das eigene Haus einbrechen, die Räuberseiten der Kompetenzen erkennen, sich in der eigenen Gewordenheit einrichten nach „seiner Natur und Bequemlichkeit" – das ist Ruhestand. Novalis sagte: „Wohin gehen wir denn? – Immer nach Hause".

Ruhestand – Gott sei Dank!

Literatur

Der Theologe und jungsche Psychotherapeut Gottfried Lutz hat „Die Bremer Stadtmusikanten" dem Übergang in der Lebensmitte zugeordnet und dazu eine sehr schöne und äußerst lesenswerte Studie verfasst.
Lutz, Gottfried (1997): Die Bremer Stadtmusikanten. Eine Märchendeutung. Metanoia-Verlag: Kindhausen

Kathrin Asper
Dr. phil., dipl. Analytische Psychologin SGAP, SPV, Psychotherapeutin und Psychoanalytikerin, Dozentin, Lehranalytikerin und Supervisorin ISAPZürich. Buchautorin. In eigener Praxis in Meilen bei Zürich tätig.

Der Wille zur Ma

Ein baden-württembergisches Marionettenspiel

Frei nach Friedrich Nietzsche

Eine Glosse von Bernd Leibig

Handelnde Personen in der Reihenfolge ihres Auftretens:

PuMa – ein kleiner pausbäckiger machtbesessener Kater

KarMa – die kapitalistische Rendite-Maschine

NoMa – Not heiß t eine listige Figur im Hintergrund

ParMa – der Chor der parlamentarischen Machtkontrolle

CDUMa – Creative-Denk-Unterbrechungs-Maschine

MaMa – Der Archetyp der Macht

FukushiMa – ein japanischer Erd- und Wasserdrache

Vor vielen, vielen Jahren, als Wünsche noch geholfen haben, bemerkte der kleine pausbäckige Kater PuMa, dass er immer schwärzer wurde. Da er von seiner inneren Natur eher eine Lichtgestalt als eine schwarze Raubkatze war, ließ ihm das keine Ruhe. Er machte sich auf die Suche und fand als Grund für seine Schwärze, dass immer mehr Lichter ausgingen, wie es ja schon lange geweissagt war, wenn nicht endlich genügend Atomkraftwerke gebaut würden.

Bald schon war der Grund gefunden: im fernen Frankreich hatte KarMa, die kapitalistische Renditemaschine, alle Macht an sich gerissen und zog dem kleinen PuMa alle Energie ab, so dass ihn bald nur noch umnachtende Schwärze umgab.

Zum Glück hatte PuMa noch einen ganz alten und mächtigen Freund NoMa, an den er sich immer wenden konnte, wenn die Not zu heiß wurde. So machten sich PuMa und NoMa in geheimer Mission auf die lange und beschwerliche Reise nach Frankreich, um dem energiefressenden Treiben ein Ende zu setzen. KarMa allerdings fand so viel Gefallen an der gefressenen Energie, dass er sie nicht so einfach wieder hergeben wollte. Daher spricht man auch heute noch von EnBW, dem Energiebewahrer.

Da kam NoMa, der zum Glück als Vorstand einer großen Bank (sie hieß Morgenstein oder so ähnlich) schon einmal mit Geld zu tun hatte, auf die Idee, man könnte Geld mit Energie austauschen. Gesagt – getan. KarMa willigte ein und ließ sich die bis dahin gut bewahrte Energie von PuMa abkaufen, wobei sie listigerweise darauf Wert legte, dass PuMa einen deutlich überhöhten Preis bezahlen musste.

Dabei kam noch ein Zufall, fast schon eine Synchronizität ins Spiel: Der Chef der französischen KarMa war der Zwillingsbruder des Statthalters vom französischen Zweig der Bank Morgenstein (oder so ähnlich). Schädlich hat sich dieser synchronistische Zufall auf den Deal sicher nicht ausgewirkt.

PuMa wollte endlich seine Schwärze loswerden und so bezahlte er auf Anraten von NoMa auch den überhöhten Preis. Der listige NoMa hatte nämlich für seinen alten Freund ein gutes Herz – und außerdem war seine Provision von der Höhe des Verkaufserlöses abhängig.

Nun gab es noch ein großes Problem. Die alte Hexe ParMa, die ewig wachsame parlamentarische Machtkontrolle, durfte von dem Ganzen nichts erfahren, weil sie in ihrem demokratischen Unverstand wahrscheinlich – wie so oft – irgend etwas gegen diesen schönen Handel gehabt hätte.

Aber auch da wusste NoMa Rat. Er zeigte PuMa wie man eine Maschine namens CDUMa (creative Denkunterbrechungsmaschine) bedient. Flugs machte PuMa sich daran die CDUMa, die er aus früheren Zeiten schon etwas kannte, anzuwerfen. Und sie funktionierte hervorragend. Alle Gedanken und Einwände, Zweifel oder gar Hinweise auf eine gewisse Ungesetzlichkeit des Deals wurden zerstreut – CDUMa hatte ganze Arbeit geleistet.

Alles ging gut über die Bühne. Alle Beteiligten, außer ParMa, waren zufrieden. Und im Hintergrund lächelte MaMa, der Archetyp der Macht, sich ins Fäustchen über den gelungenen Coup. Es geht die Sage um, dass PuMa seiner geliebten MaMa sehr zugewandt war. PuMa erstrahlte nun in neuem Glanz und freute

sich auf eine neue Inthronisation im strahlenden Gewande, denn es standen bald Schönheitswahlen an.

Zu seinem Leidwesen aber gab es kein Happy End. Der japanische Erd- und Wasserdrache FukushiMa löste eine unvorstellbare Katastrophe aus, die PuMa vollkommen unerwartet traf und schon wieder gingen die Lichter bei ihm aus. Eine wieder auferstandene ParMa brachte Licht ins Dunkel, aber für PuMa war alles zu spät: er blieb bis an sein Ende schwarz und es geht die Mär, dass er sein Glück im südamerikanischen Dschungel suchen wollte.

Bernd Leibig
Facharzt für psychotherapeutische Medizin, Dozent, Lehr- und Kontrollanalytiker am C. G. Jung-Institut Stuttgart, Paartherapeut, Traumatherapeut, niedergelassen in eigener Praxis in Ammerbuch-Entringen.

Geld, Macht, Sex und Verschwiegenheit

Drei ehrenhafte, überaus korrekte, dem Wohlergehen ihrer Klienten, der Abstinenz und der Verschwiegenheit absolut verpflichtete Psychoanalytiker treffen sich regelmäßig zum Erfahrungsaustausch zur Förderung ihrer therapeutischen Qualität und Effizienz.

Nachdem sie eine zeitlang über ihre großen Behandlungserfolge, ihre geglückten einfallsreichen Deutungen und ihre reichen und berühmten Klienten gesprochen haben, haben sie den Eindruck, es sei alles recht langweilig geworden. Sie beschließen, jetzt auch einmal von ihren Kunstfehlern und therapeutischen Schattenseiten zu berichten.

Nach dem üblichen längeren therapeutischen Schweigen erzählt der erste Analytiker zögernd, dass er sich gar nicht für einen so guten Therapeuten halte, wie er immer getan habe. Manche Therapien habe er beendet, ohne recht gewusst zu haben, was sie seinen Patienten eigentlich gebracht hätten. Oft

wisse er auch gar nicht, was er in der einen oder anderen schwierigen Notlage, in der sich sein Patient befindet, sagen oder tun solle. Er würde sich dann auf ein vielsagendes „Aha" oder „Hm-Hm" zurückziehen oder in sein vielgeübtes Schweigen verfallen. Manchmal fände er die Stunden auch ausgesprochen langweilig. Er schaue dann heimlich auf die Uhr und tröste sich bei jeder vorübergegangenen Minute mit dem Gedanken: „Wieder fast zwei Euro verdient." Auch genieße er die Macht, die er habe, diese heimliche Bewunderung und Verehrung, die ihm seine Klienten entgegenbringen würden und dass sie ihn für einen Weisen und großen Meister hielten. Er denke dann bei sich: „Wenn die wüssten, wie wenig ich selbst von dem lebe, was ich ihnen in den Therapien sage ..." Wenn er abends nach Hause komme, wolle er kein netter Mensch mehr und dauernd für andere da sein, er wolle nur ganz profan fernsehen und seine Ruhe haben.

Dies alles finden die beiden anderen Psychoanalytiker ziemlich schlimm. Sie versuchen zwar, ihrem Kollegen ein paar verständnisvolle Worte zu sagen, denken aber bei sich, dass eine solche Inkompetenz, eine solche primitive, desinteressierte und geldgierige Haltung für einen Psychoanalytiker, der etwas auf sich hält, eigentlich unmöglich sei.

Aber nun muss ja auch der zweite Kollege eine eigene Schattenseite berichten. Er beichtet, dass er sich gelegentlich in eine seiner Patientinnen verliebe. Wenn sie so entspannt auf seiner Couch lägen und von ihren erotischen Gefühlen und Fantasien erzählten, dann könne er es nicht vermeiden, auch erotische und sexuelle Empfindungen zu bekommen. Er würde sich natürlich bemühen, diese Empfindungen als Übertragungs- und Gegenübertragungsreaktionen zu verstehen und zu handhaben - ganz wie es die psychoanalytisch Theorie verlange - aber manchmal habe er doch den starken Eindruck, seine Patientinnen sähen in ihm nicht nur ihren Vater oder ihren früheren Lehrer, sondern seien tatsächlich in ihn, den Mann, verliebt. Er denke, es seien ja möglicherweise nicht nur Projektionen, die er da erlebe. Er sei ja schon auch ein besonderer Mann und von daher könnte es ja auch sein,

dass eine wirkliche sexuelle Erfahrung mit ihm für seine Patientinnen heilsam wäre.

Als die beiden anderen Psychoanalytiker dies hören, zeigen sie sich ziemlich schockiert. Sich mit einer Patientin sexuell wirklich einzulassen, wäre die absolute Todsünde, ein absoluter Tabubruch! Das könnte den ganzen Berufsstand in Verruf bringen! Ihr Kollege müsse sich dringend wieder selbst analysieren lassen, um seine sexuellen Bedürfnisse besser sublimieren zu lernen.

Schließlich kommt der dritte an die Reihe. Er kann seine innere Spannung kaum mehr bewältigen, reibt sich freudig erregt die Hände und unterdrückt mit größter Mühe ein breites Grinsen: „Mein lieben Kollegen, nachdem ihr nun eure Geheimnisse offenbart habt, muss ich euch auch meine schlimmste Schwäche bekennen. Es ist der Klatsch. Das uns allen auferlegte Gebot der absoluten Verschwiegenheit kann ich zu meinem tiefsten Leidwesen einfach nicht einhalten. Ich genieße es, mit meinen Kollegen und Kolleginnen, Freunden und Bekannten über alles, was ich so erfahre, ausgiebig zu reden und zu klatschen. Ihr könnt euch gar nicht vorstellen, wie sehr ich darauf brenne, aus unserer Sitzung hier rauszukommen!"

Die segnende Hand wirft einen teuflischen Schatten. Die nebenstehende Abbildung aus einem hermetischen Werk zeigt eine bemerkenswerte Einsicht in den möglichen Machtschatten wohltätiger Handlungen.

Rezensionen

Christine Bauer-Jelinek
Die geheimen Spielregeln der Macht und die Illusionen der Gutmenschen.
Salzburg: Ecowin-Verlag, 2007 192 S., € 22,00,
ISBN 978-3902404411

Im Gotischen bedeutet das Wort Macht (got. magan) Können, Fähigkeit, Vermögen. Die Autorin und Macht-Expertin Christine Bauer-Jelinek definiert den Begriff der Macht so: „Macht ist das Vermögen, einen Willen gegen einen Widerstand durchzusetzen".

Von der interessanten Analyse der gesellschaftlichen Entwicklung der letzten drei Jahrzehnte ausgehend, schildert sie spannend den Paradigmenwechsel von den Werten der „guten alten Welt" zu denen der „schönen neuen Welt".

Die Autorin unterscheidet die Menschen in „Gutmenschen" (Idealisten, Humanisten, Weltverbesserer) und „Geld-Menschen" (Materialisten). Gutmenschen haben meist eine ambivalente, negative oder tabuisierte Einstellung zur Macht, halten sich selbst für sozial, gerecht, umwelt- und verantwortungsbewusst, kooperativ und nutzen gerne Strategien wie die „Gewaltfreie Kommunikation" (M. Rosenberg) oder Mediation oder Win-Win-Strategien, bei der beide Parteien gewinnen sollen. Es gibt selten Machtprofis unter den Gutmenschen, sie bevorzugen „flache Hierarchien" und einen partnerschaftlichen Führungsstil.

Sie üben dabei natürlich auch Macht aus, allerdings eher in unbewusster Weise und eher mit Hilfe des des Moralisierens, Missionierens, Emotionalisierens, Psychologisierens und Solidarisierens. Ihr bevorzugtes Machtinstrument sei der passive Widerstand und das „Opfertum", das das Gegenüber nicht selten so weit bringt, dass es aufgrund von Schuldgefühlen schließlich kapituliert. Eine andere bevorzugte Methode besteht darin, die Werte des Gegenübers moralisch anzugreifen und abzuqualifizieren, da sie sich für die besseren Menschen hielten.

Bei böswilligen Intrigen und systematischer Verfolgung reagiere ein „Gutmensch" aufgrund von mangelnder Machtkompetenz in der Regel mit Selbstzerstörung, weil er nicht gelernt habe, strategisch mit Macht umzugehen. Gutmenschen gleichen dem Hasen, der in dem Märchen „Hase und Igel" als ehrlicher Teilnehmer des Wettrennens nicht gewinnen kann.

„Geld-Menschen", die für den Sturz der „Gutmenschen" verantwortlich gemacht werden, hätten im Neoliberalismus die Macht übernommen. Die idealistische Einstellung der „Gutmenschen" würden sie meist als lebensfern, unrealistisch, naiv und esoterisch abwerten. Sie seien meist gut ausgebildet, selbstsicher, taktisch, leistungsorientiert, kaufmännisch denkend, ehrgeizig, durchsetzungsstark und ihr Motto laute: „Es muss sich rechnen". Viele „Geld-Menschen" sind Manager bei internationalen Konzernen oder selbstständig (Ärzte, Architekten, Rechtsanwälte). Da sie sich zum Neoliberalismus bekennen, haben sie meist bessere Aufstiegschancen und kommen eher zu Geld und Ansehen. Meist organisieren sie sich in Netzwerken, fahren das richtige Auto, beachten den Dresscode und leben in stabilen Beziehungen.

Im Mittelpunkt ihrer Wertvorstellungen steht das „Ich", sie fühlen sich vor allem als Individuum und ihre Ziele kreisen um die eigene Person. Was früher als Egoismus galt, wird heute als mündiges, eigenverantwortliches Tun gesehen. Sie stehen zu ihrem Machtstreben und setzen sich bei Konflikten kaltblütig durch.

Die Kehrseite der Medaille ist vor allem Stress: Sie müssen den Wert der Konzerne steigern, Kosten einsparen, Personal abbauen, ihre Produkte vermarkten und ihre vorgegebenen Ziele erreichen. Bei vielen leidet dadurch die Lebensqualität, die Gesundheit und die familiären Beziehungen.

Erfolgreiche Macht-Strategien der Geld-Menschen funktionieren oft im Geheimen, eine davon wird hier „Speed and Splash" genannt: Pläne werden sehr schnell (Speed) ausgearbeitet und die Gegner in einem Überraschungsangriff (Splash) vor vollendete Tatsachen gestellt! Diese Taktik würde auch in der Politik Anwendung finden, vor allem wenn übereilt Gesetze beschlossen werden.

Eine weitere Strategie wird „Storytelling and Selling" genannt, es wird wie auf dem Basar eine gute motivierende Geschichte erzählt, um Botschaften oder Produkte zu verkaufen. Der Nachteil besteht darin, dass Geld-Menschen oft nicht mehr wissen, was sie selbst glauben oder für richtig halten.

Die „Facts and Figures" Strategie ist eine der effizientesten: Alles wird versachlicht, objektiv und rational. Behauptungen, die nicht mit Statistiken unterlegt werden, scheinen banal und unseriös. Psychologen würden empfehlen, Ziele und Vorsätze mit Zahlen zu untermauern, um sie überprüfbar zu machen; „Umsatz um 10 Prozent steigern!".

Im Kapitel „Drei Lektionen für Gutmenschen", mit dem netten Zitat von Aldous Huxley: „Tatsachen schafft man nicht dadurch aus der Welt, indem man sie ignoriert" geht es vor allem um die Illusion der Gutmenschen „Wer authentisch ist, gewinnt". Viele glauben, dass in der schönen neuen Welt Menschen erfolgreich sind, die ehrlich zu sich und ihren Überzeugungen stehen. Machtprofis bezeichnen authentisch-echtes Verhalten in der Berufswelt als skurril. Sie würden sich niemals freiwillig bloß stellen und sich solch einer Gefahr aussetzen! Machtprofis wollen nicht wirklich authentisch-echt sein, sondern glaubhaft wirken und andere von ihrer Glaubwürdigkeit überzeugen. Das Ziel ist es nicht, die Wahrheit zu sagen, sondern dass die Hörer einem glauben und dabei auch noch sympathisch zu wirken. Dabei müssen die Machtprofis nicht einmal selbst glauben, was sie sagen. Gutmenschen

würden dies Lüge oder Betrug nennen. Ihnen wird jedoch die Strategie „Pokerface und Hollywood" empfohlen, damit sie mit ihrer Ehrlichkeit nicht ständig Nachteile hätten.

Ein weiteres Kapitel wird der Win-Win-Strategie gewidmet, die jedoch meist keine Probleme lösen würde.

Weiter wird noch die Hierarchie abgehandelt. Die Jagd zu Zeiten der Clans wird als Wiege der (natürlichen) Hierarchie genannt. Der schnellste Läufer, der beste Schütze und der stärkste Träger teilen ihre Arbeit nach Kompetenz, der erfahrendste Jäger wird Anführer. Eine konstruierte Hierarchie entstand wohl erstmals bei Kriegen zwischen den Stämmen. Männer aus verschiedenen Dörfern mussten sich zusammenschließen; der Überblick durfte nicht verloren gehen.

Mit dem Neoliberalismus würden sich jedoch auch die Regeln der Hierarchie verändern: Aus einem stabilen System, das auf eine Organisation begrenzt wäre, würde ein weltweites, sich rasch veränderndes, undurchsichtiges System, die globale Hierarchie. Es herrsche eine Trennung von Sach- und strategischer Kompetenz. Die Top-Manager müssten nicht mehr mehr können als ihre Mitarbeiter, eigentlich bräuchten sie von der Branche gar nichts zu wissen, dadurch könnten sie schnell von einem Automobilkonzern in die Energiewirtschaft wechseln.

Die schonungslose Analyse der Spielregeln der Macht erscheint stimmig, wirkt manchmal aber auch sehr überspitzt und polarisierend, was natürlich die zu erörternden Machtphänomene umso prägnanter erscheinen lässt. Was für mich etwas kurz gekommen ist, ist, dass Manager, Führungskräfte und Politiker neben Tricks, Schauspielerei und Intrigen vor allem auch eine gute Ausbildung, Kompetenz, Ausdauer, Durchsetzungsvermögen, Charisma und einen sehr guten, vor allem menschlichen Kommunikationsstil mitbringen sollten. Aber das ist wohl mehr die Auffassung eines „Gutmenschen". Wer wirklich eine Spitzenposition in einer Hierarchie erreichen wolle, so die Autorin, erreiche dies nicht primär durch Fleiß und operative Höchstleistung, sondern vor allem durch Machtkompetenz. Sie resümiert, dass man sich folgende Sätze einprägen und danach handeln möge:

- Ich weiß, was ich will und verfolge mein ursprüngliches Ziel mit Nachdruck.
- Ich lasse mich selbst durch Verlockungen und Täuschungen nicht davon abbringen, habe aber Kompromissvorschläge vorbereitet.
- Ich reagiere nicht moralisch, sondern nehme die Sache sportlich.
- In Leistungsbeziehungen der „ schönen neuen Welt" geht es um eigenen Nutzen.
- Wenn ich mich mit friedlichen Mitteln nicht durchsetze, bin ich auch bereit zu kämpfen
- Bedingungsloses Vetrauen und Gemeinsamkeit lebe ich in Herzensbeziehungen.

Marita Schneider

Christine Bauer-Jelinek
Die helle und die dunkle Seite der Macht: Wie Sie Ihre Ziele durchsetzen, ohne Ihre Werte zu verraten. Salzburg: Ecowin-Verlag, 2009 (11. Aufl.), 227 S., € 22,00, ISBN 978-390240468

Viele Jahre von der Öffentlichkeit verkannt und von der Psychologie ignoriert, sei die Macht für die meisten Menschen ein Tabuthema gewesen, nur die Eliten über das „geheime Wissen" verfügt. Durch die Verschärfung des Wettbewerbs und den Wertewandel in der Gesellschaft sei heute aber jede/r Einzelne gezwungen, die Machtfrage zu stellen. Wollten wir dem Phänomen der Macht aber wirklich gerecht werden, müssten wir zu den dunklen Seiten, die allseits präsent sind, die hellen Seiten dazu gewinnen.

Wenn wir Macht nur von der negativen Seite sähen und ablehnten, könnten wir uns nicht über die Macht freuen, die wir bereits haben. Wir hinderten uns selbst an einer positiven Auseinandersetzung mit dem Thema, könnten nichts Neues dazulernen und keine strategischen Fähigkeiten entwickeln. Denn erst wenn wir auch die positive Bedeutung der Macht erkennen würden, könnten wir Machtinstrumente sinnvoll und kraftvoll einsetzen, ohne unsere eigenen ethischen Grundsätze zu verraten.

Sich an der Macht nicht beteiligen zu wollen, sei eine Form von Selbstbetrug, die sich auf Dauer nicht aufrechterhalten lasse. Auch der „machtfreieste" Mensch wolle ab und zu etwas durchsetzen, und auch der größte Machtverweigerer könne kein permanenter Jasager sein. Nur mit Macht, so die Autorin, könnten wir jene Ziele erreichen, die wir uns gesteckt haben und ungerechtfertigte Machtansprüche anderer Personen abwehren. Ob zur Durchsetzung oder zur Abwehr: Ohne ein Wissen über die Phänomene und Strategien der Macht ginge es nicht!

Und hierfür gibt die Autorin einen prägnanten und erhellenden Überblick, neben der Darstellung der verschiedenen Aspekte der Macht, ihrer Quellen, Ausdrucksformen und Schauplätze gibt sie in zahlreichen Anregungen zur Selbstreflexion dem Leser Gelegenheit, sich mit seinen eigenen diesbezüglichen positiven wie schattenhaften Machtanteilen auseinanderzusetzen. Praktische Anleitungen zur Entwicklung von Abwehr- und Verhandlungsstrategien liefern das Rüstzeug für den kultivierten Umgang mit der Macht, ohne die eigenen Werte zu verraten.

Lutz Müller

Lesmeister, Roman / Metzner, Elke (Hrsg.): Nietzsche und die Tiefenpsychologie.

Freiburg: Karl Alber, 184 S., kartoniert, € 29,- ISBN: 978-3-495-48439-5

Aus der Verlagsankündigung

Die Philosophie Friedrich Nietzsches hat die theoretischen Grundlegungen der großen tiefenpsychologischen Schulen tiefgreifend beeinflusst. Nietzsches folgenreiche Kritik der Moderne findet bei Freud, Jung und Adler seinen Widerhall im Ringen eines von Brüchen durchzogenen Subjektes um neue und zeitgemäße Formen der Selbstverständigung.

Ausgehend von grundsätzlichen Überlegungen zur Hermeneutik der Nietzsche-Rezeption, vereinigt der vorliegende Band Beiträge, die sich den bislang wenig erforschten Zusammenhängen zwischen Nietzsches Denken und den tiefenpsychologischen Konzeptionen der Psychoanalyse (S. Freud), Analytischen Psychologie (C. G. Jung) und Individualpsychologie (A. Adler) widmen. Als verbindende Achse erweist sich dabei die Idee des schöpferischen Menschen in seiner Eigenmacht zur Selbst- und Weltgestaltung. Der thematische Horizont des Buches schließt Reflexionen zur jüdischen Nietzsche-Rezeption ein und erweitert damit den Blickwinkel auf eine zeitgeschichtliche Dimension, die in den tiefenpsychologischen Diskursen- genannt oder ungenannt – präsent ist.

Müller, Lutz / Knoll, Dieter: Ins Innere der Dinge schauen. Selbst-Erfahrung und schöpferisches Leben mit Symbolen.

Unter Mitarbeit von Anette Müller, Stuttgart: opus-magnum, 2012 (3. überarbeitete Auflage), 252 S. mit zahlreichen Abbildungen, € 16,90, ISBN-13: 78-3939322512

Aus der Verlagsankündigung

„Wir haben alle das symbolische Leben dringend nötig. Nur das symbolische Leben kann den Bedürfnissen der Seele Ausdruck verleihen – den täglichen Bedürfnissen der Seele, wohlgemerkt! ... Das gibt inneren Frieden, wenn Menschen das Gefühl haben, dass sie das symbolische Leben führen, dass sie Schauspieler im göttlichen Drama sind. Das ist das einzige, was dem menschlichen Leben einen Sinn verleiht; alles andere ist banal, und man kann es beiseite lassen." (C. G. Jung)

Alle wichtigen Ereignisse menschlicher Existenz werden von Symbolen begleitet, unser Alltag ist von ihnen durchdrungen. Ohne symbolisches Erleben wäre das Leben nüchtern, farblos und langweilig. Die Symbolsprache ist eine universelle Sprache, die von allen Menschen unbewusst gut verstanden wird und erlernbar ist. Das Leben mit Symbolen vermittelt Selbsterkenntnis und Einsicht in die geheimnisvolle Welt unserer Seele, in unsere tieferen Bedürfnisse, Wünsche und Sehnsüchte und schenkt Weisheit und Toleranz. Es lässt uns am „Großen Leben" teilhaben.

Die anschaulich geschriebene Einführung zeigt auf, wie die Bildersprache der Symbole zu verstehen ist, in welcher Form Symbole gelebt und erfahren werden können (durch Malen, Schreiben, Tanzen etc.), wie ein Zugang zu ihrem Sinngehalt möglich wird und wie sie sich verwirklichen lassen. Sie vermittelt allen Interessierten Unterstützung bei Selbsterfahrungsprozessen, bietet Pädagogen Anregungen zu ihrer Arbeit und ermöglicht Therapeuten verschiedenster Schulen eine erste Orientierung für den Umgang mit unbewussten Ausdrucksformen, wie z. B. Träumen, Fantasien und Imaginationen.

Ronnberg, A., Martin, K. (Hrsg.): Das Buch der Symbole. Betrachtungen zu archetypischen Bildern. Geb. Ausgabe, 808 S., Köln: Taschen 2011; ISBN: 978-3836525725, € 29,90

Dieses, für seinen verhältnismäßig geringen Preis in jeder Hinsicht erstaunliche Werk (hochwertig gebunden, fast 2 Kg schwer!) vereint 350 Kurzessays zu einzelnen Symbolen mit mehr als 800 größtenteils farbigen Abbildungen von Kunstobjekten aus allen Erdteilen und Epochen.

Ausgehend von C. G. Jungs Arbeiten über den Archetypus und das kollektive Unbewusste und der Bildersammlung des ARAS-Archivs in New York (Archive for Research in Archetypal Symbolism), das über 17.000 Bilder mit Kommentaren beherbergt, wird versucht,

Symbolisches unter verschiedenen Perspektiven zu sehen.

Die von Autoren aus den Bereichen Psychologie, Religion, Kunst, Literatur und vergleichende Mythenkunde verfassten Essays verfließen dementsprechend ineinander. Etymologische Wurzeln, das Spiel der Gegensätze, Paradoxien und Schattenaspekte, alltägliche wie spirituelle Bedeutungen sowie kulturelle Unterschiede – all diese Gesichtspunkte werden angesprochen. Die psychologischen Deutungen kommen dabei schwerpunktsmäßig aus der alchemistischen Symbolinterpretation Jungs, manchmal könnten sie etwas detaillierter sein. Insgesamt aber ein großartiges Buch zum Lesen, Lernen, Meditieren, Imaginieren, zum Vertrautwerden mit wichtigen Symbolen, das Freude macht und die Lust auf die Analytische Psychologie weckt oder vertieft. Und natürlich: ein „Muss!" für alle Jungianer, optimal auch als Geschenk.

Lutz Müller

Dieter Schnocks: Mit C. G. Jung sich selbst verstehen. Acht Erkenntnisaufgaben auf unserem Individuationsweg. Stuttgart: Kohlhammer (Quartal 04/2012), ca. € 24,00, ISBN: 978-3-17-021335-7

Aus der Verlagsankündigung

Der Begriff der Selbstverwirklichung wird heute inflationär verwendet und ist nahezu sinnentleert. Die Analytische Psychologie

C. G. Jungs bietet mit dem Konzept der Individuation einen fundierten und zeitgemäßen Ansatz, sich mit dem auseinanderzusetzen, was die Verwirklichung der eigenen Persönlichkeit auf einem individuellen Lebensweg ausmacht.

Das Buch führt in die Grundlagen und Konzepte der Analytischen Psychologie ein und gibt mit seinen acht „Erkenntnisaufgaben" jedem Leser eine Art Checkliste an die Hand, um die Dimensionen der eigenen Individuation zu erforschen und Impulse sinnvoll umzusetzen. Die spezifische Ideenwelt der Analytischen Psychologie wird fachlich auf hohem Niveau und gleichzeitig anschaulich, mit vielen praktischen Beispielen aus dem Alltag, dargestellt.

Gerhard Wehr
Pioniere des Unbewussten – Gründergestalten der Tiefenpsychologie, ihr Leben und Werk. Stuttgart: opus magnum (Quartal 4/2012), ca. 204 S., € 16,90, ISBN: 978-3-939322-61-0

Aus der Verlagsankündigung
In dieser erweiterten Neuherausgabe werden die Pioniere der Tiefenpsychologie mit einem besonderen Blick auf die daran beteiligten Personen dargestellt, deren persönliches Schicksal eng mit der Entdeckung der Tiefenschichten der Seele verknüpft war. Besonders ausführlich werden Friedrich Nietzsche, Josef Breuer, Sigmund Freud, Alfred Adler, Carl Gustav Jung, Lou Andreas-Salomé, Anna Freud, Helene Deutsch, Melanie Klein, Karen Horney, Karl Abraham, Sandor Ferenczi, Otto Rank, Wilhelm Reich, Erich Fromm, Viktor E. Frankl, Wilhelm Bitter behandelt.

Gerhard Wehr (Hrsg.)
Friedrich Nietzsche – Du sollst der werden, der du bist. Psychologische Schriften. Ausgewählt und erläutert von Gerhard Wehr. Stuttgart: opus magnum (Quartal 4/2012), ca. 204 S., € 16,90, ISBN: 978-3-939322-60-3

Aus der Verlagsankündigung
Friedrich Nietzsche, der einflussreiche Philosoph und »Seelen-Errater« war einer der großen Wegbereiter der Tiefenpsychologie. Sein Werk birgt einen noch kaum gehobenen Schatz an psychologischen Einsichten. Nietzsche gebührt das Verdienst, intuitiv die wissenschaftliche Seelenforschung vorweggenommen und nachhaltige Einflüsse ausgeübt zu haben. Freud selbst spricht in seiner »Selbstdarstellung« von Nietzsche als von einem Philosophen, »dessen Ahnungen und Einsichten sich oft in der erstaunlichsten Weise mit den mühsamen Ergebnissen der Psychoanalyse decken«. Gerhard Wehr zeigt in einem einführenden Essay zu diesem Band, inwiefern dies zutrifft und worin Nietzsches tiefenpsychologische Errungenschaften – im Blick auf Sigmund Freud, C. G. Jung und Alfred Adler – bestehen. Unter diesen Gesichtspunkten hat der Herausgeber die psychologischen Schriften aus dem Gesamtwerk des Philosophen ausgewählt und ausführlich kommentiert. Er folgt dabei der von Karl Schlechta herausgegebenen Werken Friedrich Nietzsches (Carl Hanser Verlag, München).

Als kleiner Vorgeschmack auf unser nächstes Heft, das sich mit der Weisheit des Humors beschäftigen wird:

Das Lachen sprach ich heilig;
ihr höheren Menschen, lernt mir – lachen!

(Friedrich Nietzsche, Also sprach Zarathustra,
Vierter Teil, Vom höheren Menschen, 20)

Impressum

Jung-Journal
Forum für Analytische
Psychologie und Lebenskultur
Jahrgang Heft 28, August 2012
ISSN: 1867-4690
ISBN: 978-3-939322-28-3

Herausgeber
C. G. Jung-Gesellschaft Stuttgart
Alexanderstr. 92, 70182 Stuttgart
www.jung-journal.de

Bankverbindung:
opus magnum, Postbank, BLZ: 60010070
Konto-Nr.: 570344702
IBAN: DE60 6001 0070 0570 3447 02
BIC: PBNKDEFF

Erscheinungsweise, Abo, Vertrieb
Halbjährliches Erscheinen, im Februar und August
Ein Jahresabonnement mit 2 Heften kostet € 15,-
incl. Versandkosten. Bestellungen über:
Internet: www.jung-journal.de
E-Mail: mail@jung-journal.de
Fax: +49 (0)711 678 85 49
Postadresse: opus magnum
Hirsauer Str. 39, 70569 Stuttgart

Redaktion
Dr. Lutz Müller, Anette Müller, Bernd Leibig,
Margarete Leibig, Dieter Volk
Layout und Korrektur
Barbara Fischer, Sabine Gottmann

Beiratsmitglieder der C. G. Jung-Gesellschaften
Dr. Evelyn-Christina Becker (CGJ-Ges. Leipzig)
Dr. Irene Berkenbusch (ISAP Zürich);
Dr. Ursula Bernauer (CGJ-Forum Freiburg);
Esther Böhlcke (CGJ-Gesellschaft Hannover);
Dr. Renate Daniel (CGJ-Institut Küsnacht);
Prof. Dr. Brigitte Dorst (CGJ-Gesellschaft Köln);
Lydia Heisig-Stängle (CGJ-Gesellschaft Ulm);
Dr. Günter Langwieler (C. G. Jung-Gesellschaft Berlin);
Susanne Lindtberg (Psychologische Gesellschaft Basel);
Volker Münch (CGJ-Gesellschaft München);
Dieter Schnocks (CGJ-Gesellschaft Stuttgart);
Dr. Andreas Schweizer (Psychologischer Club Zürich);
Brigitte Rumpf (CGJ-Gesellschaft Hamburg)

Webmaster: Walter Fleritsch
Druck: Kohlhammer Stuttgart
Verlag: opus-magnum, Stuttgart, www.opus-magnum.de

Die Inhalte der Artikel geben nicht unbedingt die Meinung
der Redaktion wieder. Für unverlangt eingesandte Manu-
skripte übernehmen wir keine Haftung.

Bildnachweise:

Alle Abbildungen dieses Heftes stammen, falls nicht anders angegeben, aus lizenzfreien Quellen, insbesondere Wikipedia Commons.

Die Abbildungen der Infokästen:
S. 23: Himalayamassiv; Elisabeth I., ca. 1600, unbekannter Künstler; Brennendes World Trade Center, 11. September 2001.

S. 29: Reichsapfel des Heiligen Römischen Reiches Deutscher Nation in der Schatzkammer Wien; Alexander der Große bei seinem Einzug in Babylon, ca. 1664, Charles Lebrun; Schloss Versailles im Jahr 1722, unbekannter Künstler.

S. 35: Faustkeil; Zarenkanone, 1586, Moskau (Kreml); Atombombenabwurf „Fat Man" auf Nagasaki am 9. August 1945.

S. 48: Blauer Pfau; Die drei Grazien, James Pradier (1790–1852); Marilyn Monroe, 1953 im Film Niagara.

S. 51: Vision des Ezekiel, Holzschnitt, 1702, unbekannter Künstler; Chrysler-Stretch-Limousine; Raumfähre Atlantis.